语文里的

疑难问题解析

董 瑶 编著

金盾出版社

内容提要

《小学生金钥匙丛书》以小学教材为主要解读对象，共分《课本里的珍密档案》、《课本里的童话王国》、《语文里的疑难问题解析》、《数学里的妙题巧解》等四册，为学生架起由课内到课外的桥梁。

《语文里的疑难问题解析》选取课本里涉及到字、词、句、篇等语文基础知识的疑难，以及与课本相关的历史背景、天文、军事、地理、科技、自然常识等方面的学科知识疑难，进行分类剖析，逐一解答。书中精选的疑难点，是同学们既熟悉又困惑、既饶有兴趣又值得思考的问题。本书不但可以作为学生学习的辅导资料，而且也是教师备课、家长指导孩子学习、学者研究教材的辅助参考书。

图书在版编目(CIP)数据

语文里的疑难问题解析/董瑶编著. -- 北京 ：金盾出版社，2012.1

（小学生金钥匙丛书）

ISBN 978-7-5082-7138-5

Ⅰ. ①语…　Ⅱ. ①董…　Ⅲ. ①小学语文课—教学参考资料

Ⅳ. ①G624. 203

中国版本图书馆 CIP 数据核字(2011)第 166853 号

金盾出版社出版、总发行

北京太平路 5 号（地铁万寿路站往南）

邮政编码：100036　电话：68214039　83219215

传真：68276683　网址：www. jdcbs. cn

封面印刷：北京精美彩色印刷有限公司

正文印刷：北京天宇星印刷厂

装订：北京天宇星印刷厂

各地新华书店经销

开本：889×1194 1/32　印张：9.125

2012 年 1 月第 1 版第 1 次印刷

印数：1～6 000 册　定价：20.00 元

（凡购买金盾出版社的图书，如有缺页、
倒页、脱页者，本社发行部负责调换）

"？"为什么变成了"！"

——写给小读者的话

"学贵有疑"。打开课文，有了疑问，我们才会睁大好奇、困惑的眼睛，才会努力地学习、逐步地解决这些疑难，让"？"变成"！"，这本《语文里的疑难问题解析》正是为了帮助我们解答疑难而编撰出版的。

由于时代的变迁、知识视野的局限、认识的不足、生活阅历的限制等原因，课本里总是有这样或那样的"拦路虎"，影响着我们学习能力的提升。基于这样的认识，笔者从小学语文课本里精心挑选了几百条疑难问题，分别按照"这里有困惑你的字词句"，"这里有你需要了解的篇章"，"这里有你应该知道的史地天文常识"，"这里有你想知道的自然科技知识"等板块，每部分根据小学六年制义务教材的册次顺序进行安排。同时，为了照顾一些省市的地方教材，尽量补充了一些与这类教材联系较紧密的问题。应该说，这本《语文里的疑难问题解析》适应不同教材的学生，因为有些课文、知识点等是相同的。

另外，编者在选取这些疑难问题上也是非常用心和反复考量的。有的疑难是时代变化造成的，如"'司母戊鼎'为什么要改成'后母戊鼎'"、"'林荫大道'为什么成了'林阴大道'"等，可以说紧扣了时代的脉搏；有的疑难与课文学习和老师讲课的联系十分紧密，如"'月亮地下'究竟怎么解释"、"'发现'与'发觉'有什么不同"、"志愿军为什么要死守上甘岭"等等，解决这些疑难对同学们学好课文十分有益；有的疑难是课文中涉及到的历史、地理、自然常识等，如"今日的泸定桥是什么样子"、"牛郎和织女能相会吗"、"白天为什么看不见星星"、"小山羊为什么爱吃草"等等，为我们小学生拓宽课外知识打开了一扇宽敞明亮的窗户……

为了研究、解答和编撰这些疑难问题，笔者阅读了大量的教学参考资料，也参考了一些专家的论著、报刊和杂志上的文章等，希望解释分析得言之有理，即使有一些目前还存在争议、没有定论的问题，笔者也期待能对读者有所启示，希望能促发思考，把语文学习的基本功练得更扎实、更有成效。攻克了学习中的疑点，才会找到学习中的亮点；解决了学习中的难点，才会占领学习的制高点。

愿您开卷有惊喜、天天有进步，这是编者最欣慰的，也是最快乐的。

目录

这里有困惑你的字词句

目录 **contents**

目录 *contents*

这里有你需要了解的篇章

目录 *contents*

目录 *contents*

这里有你应该知道的史地天文常识

目录 *contents*

这里有你想知道的自然科技知识

目录 *contents*

这里有困惑你的
字词句

你知道"语文"的来历和内涵吗

虽然我们知道学习好语文非常重要，它是一门基础学科，是学习其他学科的工具，但是对"语文"的来历和内涵还是知之甚少的。

"五四"以前，书面语言和口头语言是分家的，语文不叫语文，叫"国文"，是文言文。"五四"以后，提倡白话文，使用的才是我们现在小学语文课本中的语言。小学"国文"改称为"国语"。1949 年 6 月，我国大陆的大部分地区解放，华北人民政府教育部研究全国范围的教材时，规定中小学应以白话文为主，作文也要用白话文，从而实现了口头语言与书面语言的基本接近和统一，并采纳叶圣陶先生的建议，不再用"国文"和"国语"这两个名称，而是合称为"语文"。

可见，"语文"的内涵包括口头语言与书面语言。口头的叫"语"，包括听和说；书面的叫"文"，包括读和写。也就是说，要学习好语文，既要学习好"语"，又要掌握好"文"，听、说、读、写等四个环节一个也不能少，它是我们进行语言训练的一个系统工程。

"司母戊鼎"为什么要改名"后母戊鼎"

后母戊鼎是商后期（约公元前14世纪至公元前11世纪）王室祭祀用的青铜方鼎，1939年3月出土于河南省安阳县武官村。它是商朝青铜器的代表作，是我国已知的古代最大、最重的礼器。小学课本中一直称它为"司母戊鼎"。2011年3月，该国宝入住国家博物馆的青铜厅，也改名为"后母戊鼎"。对此，网络曾热炒一时。那么，叫了几十年的名字为什么说改就改了？

其实，早在上世纪70年代，学术界已经对这件青铜器的名称提出了新的考释，但因为中小学课本的广泛宣传，一直难以为其正名。

专家们指出，商代的文字书体比较自由，可以正书，也可以反书。"司"若反写和"后"的字形基本一样，而意思上"后"更接近"商王王后"，"后"在这里表示墓主人的身份，是商王祖庚或祖甲为祭祀母亲所铸的。因此，专家们建议应当释读为"后母戊鼎"。

地球是圆的，"南辕北辙"有错吗

学习《南辕北辙》这个成语以后，有的学生会问：地球是圆的，"南辕北辙"有错吗？这个人一定能走到楚国的。

首先，这种求异思维值得肯定。可是，即使能到达楚国，这样走可行吗？有这个必要吗？现实中如果这样走，需要多少时间、精力和财力，成本能接受吗？因此，背道而驰，行动和目的相反，不论是目的还是效果都不值得提倡，或者是永远达不到的。

4

"中国"的名称是怎么来的

我们的祖先繁衍在黄河流域，也就是今天的中原地区。当时，祖先们并不知道地球是圆的，以为自己居住在天下之中，所以称自己是"中国"。

到了秦汉以后，我国逐渐发展成为一个多民族的国家，因而又有了"中华民族"这一称谓。"中"表示中国，"华"表示历史悠久、文化发达的意思。

"粳"字应该读什么音

小学课本以及《新华字典》里，都把"粳"字读音标为 jīng，2011 年 3 月 11 日，全国数十家媒体都相继以《"粳"字读音标错了？》为题，展开热烈讨论。最近，专家们指出，"粳"字应该确定读音为 gěng。

粳米在我国种植历史已经有 6900 多年，是我国饮食文化的特产之一，产量约占我国水稻产量的两成左右。专家们指出："首先，'粳'念 gěng 有着悠久的历史，在许多地区也有着不少使用者，从口语角度讲，它还是有相当广泛的应用价值；其次，'粳 gěng'字有着很多的科学文化价值。"经过专家们的调查论证，确定粳读 gěng 比读 jīng 更符合当下绝大多数人的语音习惯，而语言作为一种社会工具，它的存在主要是让大多数人方便使用，在当时的历史背景下，统一"粳"字读音，能起到规范化的作用。

现在，负责语言使用的权威部门表示，课本、字典等都将重新标注"粳"字的读音，改读 gěng 音。

5

为什么"爪子"的"子"不注轻声

《秋天》里出现了"爪子"和"尾巴"这两个词语，按理来说，"子""巴"在普通话朗读时都应该读轻声，可是课文里为什么注的都是本音呢？

原来，小学语文教材中生字的注音有这样一样原则，即：生字第一次出现时都注本音。我们课本里有许多字词用普通话来朗读应该是轻声的，但初学都注轻声，学生就会不知道这个字的本音了。因此，作为小学语文教材中课文的生字，都注本音而不注轻声。当然，要是在全文注音的阅读课文里，应该读轻声的，是不会标声调的。

6

你知道怎么读轻声吗

在某些词语或句子中，有的音节失去原有的声调，读成了又轻又短的调子，就是轻声。轻声不标调。在普通话里，下面有一些成分都应读成轻声。

1."啊、呢、吗、吧"等语气词。

2."的、地、得、着、了、过、们"等助词。

3．名词后边的"子、儿、头"。

4．方位词。如："小小狗在雪地里快活地奔跑。""里"就应该读轻声。

5．重叠的名词或动词的后一个音节。如："不是你，就是爸爸。"后一个"爸"字要轻读。

6．大多数双音节单纯词的后一个音节。如："萝卜、喇叭、骆驼、石榴"等双音节单纯词后一个音节要读轻声。

7．有些词语的第二个音节习惯上读轻声。如："月亮、衣服、柴火、风筝、明白"等词语中的后一个字应该读轻声。

语调和声调是一回事吗

学习语文会经常与"语调"、"声调"打交道。那么，"语调"、"声调"是不是一回事？如果不是，又有哪些区别？

"语调"是在句子里用来表达意思和感情的抑扬顿挫的调子。如，阅读陈述句"大海是个聚宝盆，蕴藏着丰富的资源"，朗读的语调是比较平直的，如果是疑问句"大海真是个聚宝盆吗？"朗读的语调要渐渐提高，如果再改成是表示感慨的句子"大海是个聚宝盆呢！"，则语调要逐渐下降。因此，语调同句子的意思和说话人的感情是直接联系着的，它

7

是表达语言感情色彩的重要手段。

声调是一个音节的调子，也称"字调"，它主要是由朗读这个音节时发出的声音的高低、快慢、轻重等决定的，而语调是贯串整个句子的调子，也叫"句调"，由句子所表达的感情所决定。

练习组词有哪些"禁忌"

学习语文离不开组词，它是锻炼我们运用词语能力，积累词汇的重要途径之一。那么，应该怎样来练习组词，组词有哪些"禁忌"呢？

1. 不要组成重叠词语。有的同学在组词时喜欢把"慢"组成"慢慢"，"说"组成"说说"等，这样组出来的词语就会单调、缺少生动形象的美感，如果组成"缓慢"、"说话"等词语，所代表的内涵就丰富得多了。

2. 不要组成人名或地名。如"武""南"字，组成了"武汉"、"南京"等，虽然组词是正确的，可是用人名或地名来组词，不符合文字单独组词规律，而应该多思考有内涵的、鲜活的词语，如组成"威武"、"南辕北辙"。

3. 不要组成没有确定意思的词语。如"上"、"下"等字，

8

组成"上了"、"下了"等词语，没有确切的意思，也不符合
语言单独组合的规律，不妨组成"上学"、"下课"等。

防止错别字有什么诀窍

要防止错别字，必须认真地从辨别字的音、形、义上动
脑筋，才会有成效。

1. 读准字音。这是防止错别字的第一步。字音读正确了，
才能很好地区别字的对错。有些字形看上去容易相混，如果
我们能抓住字音的不同，就能把它们区别出来。如"仓"和
"仑"，虽然粗看模样儿挺相近，可是，它们读音不同，意思
也不同。

2. 认准字形。防止错别字，拿手的办法之一是在写这个
生字的时候，一定要认真地分析这个字的结构，如"木"字
作部首，一般是这个字与树木有关，如"手"字作部首时，
一般这个字与动手有一定的联系。有些字形差别细微，极容
易写错，所以在学习生字时一定要认准字形。

3. 搞准字义。了解字义对不写错别字也很有好处。如
"棘手"一词容易写成"辣手"，如果能搞懂"棘手"一词是形
容事情像荆棘刺手那样难办的话，就会少写或不写错别字了。

独体字有哪些结构

汉字不仅合体字有结构，独体字也有结构。因为结构就是由笔画构成字形的组合方法。独体字的结构，最明显的有"框"形结构和"串"形结构。

"框"形结构，就是笔画的组合成全包围或半包围结构。有的是两面框，如"刀"，有的是三面框，如"月"，有的是四面框，如"目"。

"串"形结构，就是主要笔画串通其他笔画，使之互相连接成体的结构。有的是竖直串，如"中"、"单"，有的是竖钩串，如"求"、"永"，有的是横直串，如"母"、"丹"，有的是撇串，如"丈"、"史"，有的是弯钩串，如"七"、"电"。

合体字有哪些结构

合体字的常见结构主要有：

1. 上下结构，如安、梦。

2. 上中下结构，如曼、冀。

3. 左右结构，如解、数。

4．左中右结构，如湖、街。

5．半包围结构，如送、习。

6．全包围结构，如囫、团。

7．品字结构，如磊、众。

"秉烛夜游"中的"烛"是蜡烛吗

《养花》一课中写到了"秉烛夜游"一词，许多同学、教师，甚至解释词语的工具书都把"烛"解释为"蜡烛"。

其实，"秉烛夜游"这个词语是从《古诗十九首》"人生不满百，常怀千岁忧。昼短苦夜长，何不秉烛游"中演变而来的。据考证，魏晋前根本就没有发明蜡烛。唐朝的孔颖达在《典礼》中说："古来未有蜡烛，唯呼火炬为烛也。"可见，"烛"就是火炬，是由植物的茎根制成的。古人的"秉烛夜游"意在"及时行乐"，老舍先生引用成语"秉烛夜游"用的是成语的本义，因为昙花总是夜里开放，大家举着蜡烛去看，表达的是在夜间游玩、观赏的情趣，与古人"秉烛夜游"所宣扬的及时行乐的思想是截然不同的。

"床"前明月光的"床"是睡床吗

李白的《静夜思》是一首通俗易懂、家喻户晓的五言绝句："床前明月光，疑是地上霜。举头望明月，低头思故乡。"作者从"疑"到"望"到"思"，以清新朴素的笔触，抒发了丰富的思乡之情。那么，诗中的"床"到底指的是什么？

第一种解释，"床"就是我们今天的"睡床"。这是我们小学语文课本里的解释，也是最为流行的一种。但是，多数人认为这是对"床"的曲解或误解。

第二种解释，"床"指的是"井床"，即"井台上的围栏"，这是根据《辞海》对"床"注解得出的。整首诗的大意是：在冷落的深秋时分，诗人扶着井台的栏杆，望着天上的明月，看到围栏处洒落的一片月光，勾起了绵绵不绝的思乡之情。

第三种解释，"床"指的是"绳床"，是上海师范大学的曾维华老师提出的。他认为，一千多年前的唐朝的"床"，指的是由东汉时期从西域传入中原的"胡床"，最初为类似现在还使用的"马扎儿"，大约到唐明皇时期对胡床进行了改进，成为今天使用的折叠式躺椅。如李白还有一句诗写道："吾师醉后倚绳床"。李白生活在唐代社会环境中，使用当时很流行的绳床是很自然的。因此，把《静夜思》中的"床"释作"绳床"更符合实际。

12

那么，究竟哪一种解释正确呢？多年来争论不断，莫衷一是。笔者认为，把"床"理解为"睡床"太牵强，知道"床"还可以解释为"绳床"有利于拓展我们的视野，暂且把"床"理解为"井床"更为贴切些，毕竟《辞海》是我们今天公认的工具书。

"目不转睛"与"全神贯注"有区别吗

"目不转睛"与"全神贯注"都有"形容注意力十分集中"的意思，但是它们在使用范围上有很大区别。"目不转睛"仅限于形容眼睛的动作，而"全神贯注"可以用来形容人的意识、思维活动和一般心理状态，运用范围相对来说较广。

下面让我们以课文为例来分析这两个词语的区别。

例1：天阴沉沉的，一会儿就下起了小雨来。聂耳全神贯注地拉着小提琴，一点儿也没有觉察。（选自课文《音乐家聂耳》）

例2：飞机在空中灵活地做着各种动作……我目不转睛地望着，要是自己也能操纵这么一架飞机多好啊！（选自《一次科技活动》）

13

在《音乐家聂耳》中的"全神贯注"不能换成"目不转睛"，而《一次科技活动》中的"目不转睛"是可以换成"全神贯注"的。因此，当我们在使用"目不转睛"这个词语造句时，要先考虑是谁"目不转睛"地望着（或用"注视"等一些表示看的动作的词）。这样就可以避免出现"目不转睛地听着"这样的错误造句。

"温和"和"暖和"有什么区别

14

我们先看《卖火柴的小女孩》中这样两个句子：

1. 奶奶出现在亮光里，是那么温和，那么慈祥。

2. 小女孩叫起来，"啊！请把我带走吧！我知道火柴一灭，您就会不见的，像那暖和的火炉……就会不见的！"

上面句子中的"温和"、"暖和"都是形容词，都可以表示气候不冷不热。可是，"温和"表示气候时，常与"气候"搭配。它还可以用来形容人的性情、态度、言语等不严厉、不粗暴，有亲切感，如第一句中用"温和"来形容慈祥，但是不能用"暖和"。

"暖和"表示气候时，一般要与"天气"搭配，但是"温和"不能这样搭配。"暖和"还可以重叠起来作动词使用，如

"快进来暖和暖和小手吧",但是"温和"不能这样使用。"暖和"表示人对冷热的感受,一般是对"物"而言,如第二句中用"暖和"来形容火炉,但是"温和"一般是对人而言。

"发现"与"发觉"有什么不同

"发现"与"发觉"都是我们比较熟悉的动词,表示开始知道隐藏的或以前没有注意的事物。有时,这两个词语可以互相交换使用,但是它们还有不同的含义。

1. 我发现前面六十多米的地方就是敌人的前沿阵地,不但可以看见铁丝网和胸墙,还可以看见地堡和火力点,甚至连敌人的讲话都听得见。

2. 我们趴在地上必须纹丝不动,咳嗽一声或者蜷一下腿,都可能被敌人发觉。

15

这两句话都来自课本《我的战友邱少云》中,可是他们的意思差异很大,不能互用。在第一句话中,因为是天没亮潜伏的,所以天亮了以后,能发现敌人前沿阵地的情况,用"发现"而不能用"发觉"。第二句话中,蜷腿、咳嗽等动作非常轻微,只能被敌人"觉察"到,所以不能用"发现",而只能用"发觉"。

简单地说，"发现"指通过眼睛看到或观察到，或者是通过研究、探索等，看到、找到了前人没有看到的事物或规律。"发觉"是通过视觉、听觉、嗅觉、触觉等观察到事物，。

利用原文理解生词有什么窍门

阅读课文时我们常常会碰到一些生词，但是有些生词的意思在原文中能找到"答案"，只要我们细心琢磨就会发现这一秘密。同时，利用原文理解生词的含义，也有助于我们理解词句间的联系，从而加深对课文的理解和认识。

 16

1．在上一句话中理解词意。例："这是一年的最后一天……大年夜。"这是《卖火柴的小女孩》中的一句话。"大年夜"的意思课文已经在上一句话中明确地告诉我们了："这是一年的最后一天"。

2．在下一句话中理解词意。例："草原上行车十分洒脱，只要方向不错，怎么走都可以。"这是《草原》中的一句话，关于"洒脱"一词的意思，下文中说得明明白白："只要方向不错，怎么走都可以"。

3．在一段话中理解词意。例："于是，他脱下战袍，背上荆条，到蔺相如门前请罪。"这句话出自《将相和》，也正是课文中"负荆请罪"一词的最恰当的解释。

因此，学习生词时，要对原文中的上下文语句进行综合、推断、概括，其词义也就不难理解了。

为什么带"像"字也不一定是比喻句

同学们在判断比喻句时，经常是只要发现有"像"字出现了，马上就认为它是比喻句。其实，带"像"字的不一定就是比喻句。虽然"像"是比喻的代表，许多用"像"字的句子包含比喻关系，如："共产党像太阳，照到哪里哪里亮。"但是，有的句子中"像"并不代表比喻，而是有特殊的用法。

1. "像"字表示比照某个对象形成的形象，如：画像，雕像，塑像，绣像，这一类是艺术造像。再如光线反射、折射形成的虚像、实像，这一类是物理成像。

2. "像"字表示同类事物相比较的关系。如："她长得很像她的妈妈。""我们要像雷锋那样全心全意地为人民服务。"

3. "像"字表示举例。如："今年寒假，我订了一个旅游出行的计划，像南京、西安、昆明、青岛、连云港……都是

17

我的旅游目的地。"

4."像"字表示猜测。如:"你看,天暗了下来,像要下雨了,最好带上雨伞走。""他不停地咳嗽,好像感冒了,应该多喝点白开水。"

"象"、"像"和"相"

"象"、"像"和"相"这是三个常用的汉字,也是极容易混淆的几个字。

首先最容易混淆的是"象"和"像",有的人甚至说这两个字可以混用。其实,根据国家1986年重新公布的《简化字总表》的规定,"象"是不能作为"像"字来使用的。

1.如果是比照人物制成的图形,或者表示在形象上有相同或共同点的,用"像"而不用"象",如,画像、绣像等。

2.形容事物的形状的,用"象"而不用"像",如,天象、气象、景象、现象等。

3.称人的外貌方面的用词和与此相关的用词,用"相"而不用"像",如,相貌、长相和照相、相片、照相机、照相馆等。

"其他"和"其它"

学习语文时，我们常常会为"其他"和"其它"这两个词的正确使用感到困惑。那么，什么情况下用"其他"，又是什么情况下用"其它"呢？

这两个是同音同义的词语，本来只有"其他"。后来有人觉得"其他"只能指其他的人，至于其他的事物，应该写作"其它"。其实，这是没有必要的，无论指人或指事物，都可以用"其他"。当然，你用"其它"来指事物肯定没有错，但是如果用"其它"来指人，那就很不合适了，就一定要改用"其他"一词了。

19

"锄禾日当午"的"禾"该怎样解释

《悯农二首·锄禾》是唐朝诗人李绅所写，被选入我们小学语文课本里。诗中"锄禾日当午"的"禾"字，有的教学参考资料注为"禾苗"，有的教材插图中画的是玉米苗。那

么，"禾"究竟指的是什么呢？

"禾"，古代指粟，也称"谷子"，脱壳后叫"小米"。《悯农》第一首写了"春种一粒粟"，"秋收万颗子"，很明确地说明这种农作物就是粟。第二首"锄禾日当午"锄的自然是粟的苗子，不应该是玉米苗。因为玉米作为粮食作物才有五百多年历史，一千多年前的唐朝人怎么可能去锄玉米苗呢？当然，"禾"也不能简单地泛指"庄稼"，那是一种模糊的偷懒的解释。

20

"林荫道"还是"林阴道"

关于我们小学语文课本里的一个词语"林荫道"还是"林阴道"，曾引起有关媒体的热烈讨论。那么，究竟应该用"荫"还是"阴"呢？

首先来看看部分家长、老师，甚至专家的意见，他们提出应该用"荫"。如：苏州大学语委委员、文学院教授、博士生导师、汉语言文学学科带头人曹炜指出："林荫道"意思是树木遮盖太阳而形成的路，"林阴道"意思是背着太阳的路。再从文化传承角度讲，"林荫道"自秦汉就出现了，而"林阴道"在唐宋时才出现。从构词理句来看，"林荫道"有形象的遮盖的意思，而"林阴道"却过多地倾向背阳，显然前者更加能形象表达出意思。

再来看看教科书编写者的观点。过去，"林阴大道"都是写作"林荫大道"，但这个词中的"荫"有第一声和第四声两个读音，是个异读词。这样的异读词有 400 多个，经常发生矛盾。为了进行语言的规范和统一，1985 年 12 月国家语委推出《普通话异读词审音表》。这样一来，"林荫大道"的"荫"原来可读第四声，最后就都"统读"第一声了。"林荫大道"的"荫"和"阴"就成了一个读音。而"荫"在表达隐蔽、封赏等意思的时候读第四声，比如"荫庇"、"封妻荫子"。1997 年国家语委推出了《语言文字规范手册》，随后 1998 年 1 月语文出版社根据这个文件出版了《现代汉语规范字典》，其中就将"林荫大道"、"树荫"全部改为了"林阴大道"和"树阴"。那么，为什么要将"树荫"、"林荫大道"中读第一声的"荫"最后都改成"阴"呢，说到底是为了不混淆。既然"荫"和"阴"同音字，拿掉草字头后直接使用"阴"的话就没有了第一声的"荫"，这样就不易再读错。

根据汉字教学、汉字信息处理、出版印刷、辞书编纂等需要，文字需要规范。生活在变化、汉字使用在变化，语文教材是根据国家语委出台的语言标准规范来编写的。因此，把"林荫大道"写成"林阴大道"是符合国家标准，是完全正确的。

21

告诉你容易混淆的几组汉字

1. 迭与叠。"叠"是层层堆积，是积累；"迭"是更迭、屡次。两个字容易混，如："其产生的负面影响会与原来的负面影响相迭加呈增长的趋势。"这里的"迭加"应改为"叠加"。

2. 分与份。在读 fèn（愤）时，容易混淆。"身分"应改为"身份"。

3. 黏与粘。"黏"字，1955 年被作为异体字淘汰，1988 年又恢复使用。粘读 zhān（沾），黏读 nián（年）。因此，"粘合"应改为"黏合"。

22

4. 品位与品味。这两个词义不同。"作品的品味不够"，这里用"味道"的"味"是不正确的，应该用"地位"的"位"。品位"，表示品质、水平；"品味"，表示品尝滋味。

"三味书屋"指的是哪"三味"

《三味书屋》是一篇写人的课文，主要讲少年鲁迅在这里求学的故事，表现了鲁迅从小严格要求自己、刻苦好学的精神。书中对书屋的文化氛围也进行了生动的描写。可是，究竟什么是"三味"呢？同学们一直感到疑虑。

其实，"三味书屋"是一个三开间的小花厅，寿家的书房，也是鲁迅十二岁那年在这里上学的学堂，它的主人是塾师寿镜吾（晚署镜湖）先生。寿镜吾老先生在这里坐馆教书达六十年，给这间书屋取名"三味"是颇有一番用意的。

据寿镜吾先生的第二个儿子寿洙邻解释，"三味"是指布衣暖、菜根香、诗书滋味长。"布衣"指的是老百姓，"布衣暖"就是甘当老百姓，不去当官做老爷；"菜根香"就是满足于粗茶淡饭，不向往山珍海味的享受；"诗书滋味长"，就是认真体会诗书的深奥内容，从而获得深长的滋味。以"三味"为私塾学堂的名字，其教育和警示作用可见一斑。

23

"三味"书屋究竟是什么样

三味书屋是清朝末年绍兴城里的一处有名的私塾。鲁迅七岁起在周家新台门里跟几位远房叔祖读书，十二岁至十七岁在这里求学。

三味书屋是三开间的小花厅，是鲁迅的老师寿镜吾家的书房。这位老先生在这里从事教育工作长达六十年，书屋里的桌椅、书画等保存完好，基本是当年的原貌。在书屋的两旁柱子上有一副对联："至乐无声唯孝悌，太羹有味是诗书。"书屋正中悬挂着"三味书屋"匾额和鹿图。对联和匾额出自清末著名的书法家梁同书的手笔。画"鹿图"还另有寓意，因为"鹿"谐音是"禄"，古代人学而优则仕都在一个"禄"字里，读书做官，做官拿俸禄，这是封建社会万千学子梦寐以求的事。书屋的中间摆着方桌、木椅，那是当时老师授业时使用的，而桌椅的两旁的一只茶几和两条木椅则是招待客人临时坐用的。只有窗前摆放的那八九张参差不齐的桌椅，才是学生自备的用来听课时坐的。鲁迅的座位在书屋的东北角，桌面右边有一个鲁迅亲手刻下的"早"字，至今完好地保存在那儿，见证着少年鲁迅的求学之路。

24

"五谷杂粮"指的是什么

学习了《高粱情》以后，我们知道了高粱根的特点，也明白了高粱坚韧不拔的品格。可是，有的同学以为高粱就是玉米，更不知道常说的"五谷杂粮"究竟指的是什么？

首先，高粱不是玉米，它的叶子和玉米相似，但较窄，花序呈圆锥形，生在茎的顶端，子实红褐色。高粱的品种很多，和玉米一样，都是我国重要的粮食作物。高粱和玉米都属于"五谷杂粮"。古代的"皇帝内经"中认为五谷即"粳米、小豆、麦、大豆、黄黍"，而在《孟子腾文公》中称五谷为"稻、黍、稷、麦、菽"，在佛教祭祀时又称五谷为"大麦、小麦、稻、小豆、胡麻"。现在，我们通常所说的五谷，是指稻谷、麦子、高粱、大豆、玉米。另外，人们还习惯把米和面粉以外的粮食称作杂粮，因此，五谷也泛指粮食作物。

为什么说"瑞雪兆丰年"

课文《第一场雪》中引用了一句俗语"瑞雪兆丰年"，有的同学对这句话蕴含的科学道理不理解，也就是说，弄不清什么是瑞雪、为什么能兆丰年？

瑞雪是指阳历翌年 2 月 4 日"立春"以前下的冬雪。兆丰年的原因为：

一是积雪层对越冬作物的防冻保暖作用。积雪对土地有保暖作用，好像给大地盖上了一层被子。据研究，没有积雪覆盖的表土的温度会降到零下 20℃，有积雪覆盖（雪厚 50 厘米）的土壤只降到零下 2℃。有了积雪的覆盖，能有效地保护冬小麦及其他越冬作物免受严寒的危害。

二是积雪层对越冬作物的增墒肥田作用。开春以后，冰雪消融，雪水能灌溉庄稼，促使越冬小麦的根部向土层深处延伸，有利于小麦后期的生长。另外，雪水中还含有多量的氮化物，以及不可缺少的铁、磷、硫等多种矿物质，能增加土壤中的养分。

三是积雪有杀虫作用。融雪时消耗热量又使地温下降，可以冻死一些附着在土壤表面或庄稼根部越冬的病菌和螟虫、蝗虫的虫卵，这对减轻小麦或其他农作物的病虫害发病率很有帮助，相当于一次大面积的灭虫。

26

《在仙台》的破折号有什么妙用

《在仙台》一课中有两处破折号，虽然都表示转折，可是结合上下文，我们细心玩味，不难悟出还是各有妙处，纷呈异彩的。

1."到得研究室，见他坐在人骨和许多单独的头骨中间——他其时正在研究着头骨，后来有一篇论文在本校的杂志上发现出来。"

这里的破折号虽然是转折，实际上起着"桥"的作用：让作者巧妙地补写——交代藤野先生坐在人骨和头骨中间的原因是"正在研究"。通过破折号，我们不仅能更好地读懂前文，而且由下文中一眼读出藤野先生治学严谨、理论联系实际的学者风采。

2."你看，你将这条血管移了一点位置了——自然，这样一移，的确比较的好看些，然而解剖图不是美术，实物是那么样的，我们没法改换它。"

这里的破折号也是转折作用，但是它美在留有想象空间，耐人咀嚼：藤野先生首先一针见血地指出解剖图的错误，但是没有声色俱厉地说下去，而是话锋一转，讲为什么不能错，一个破折号，勾勒了一个老师训导学生学生垂听的画面，既有老师的"察言观色"——通过学生的表情看是否接受自己的观点，又有老师措词时的思考、斟酌的神态……一位循循善诱又讲究科学的老师形象便跃然纸上，矗立于我们的眼前了！

一个小小破折号，在鲁迅这样伟大的作家笔下，也是那么讲究，使它具有了形象生动的文字所不能包含的韵味。

你知道巴金笔名的由来吗

巴金，原名李芾甘，1904 年出生于四川成都，是现代著名的作家，代表作有《激流三部曲》、《第四病室》、《随想录》

等。我们小学语文课本里选取了他的《海上日出》和《鸟的天堂》。

"只有写才会写"是巴金的名言。他出生在一个比较富有的家庭，23岁那年从上海跑到人地生疏的巴黎，希望寻找一条救人、救自己的路。巴金在回忆中说，"有感情无法倾吐，有爱憎无法渲泄，好像落在了无边的苦海中找不到岸一样，一颗心无法安放，倘使不能使我的心平静，我就活不下去了。"在这种心境下，巴金把自己的心思完全放在了写作和翻译中，才找到了一些慰藉。有一年，他在法国玛伦河畔的一座小城休养并学习时，结识了一位名叫巴波恩的中国同学。第二年，巴波恩因某种原因投水自杀了，巴金听到这个消息后，非常痛苦：苦闷、困惑、迷茫，是那个时代的青年人共同的"精神病"……当时，巴金刚刚译完克鲁泡特金的《伦理学》前半部分，一位学哲学的安徽朋友指着放在桌上的英译本，半开玩笑地说，请他在笔名中采用这个"金"字，有暗指原作者的意思。巴金欣然采纳了，又想到那位自杀的同学"巴波恩"，为了怀念他，便取了一个"巴波恩"的第一个字，"克鲁泡特金"的最后一个汉字，合起来成了笔名"巴金"。从此，这个名字伴随着他一生，成了他荣辱浮沉的见证，也为他赢得了一座文学丰碑。

《海上日出》写的是一日所见吗

　　《海上日出》是著名作家巴金先生 1927 年从上海乘坐"昂热号"邮船去法国留学的旅途中写的，选入我们小学语文课本时，编者略作了改动。那么，《海上日出》写的是不是一日所见呢？

　　对此，巴金先生在 1980 年第 4 期的《语文学习》上作了介绍。他说，"在旅途中，我随时记下海上见闻，写下了一路风光，寄给我的两个哥哥看，使他们知道我是如何在海上度过一段时日的，并让他们领略一些海上旅行的乐趣。""我们写文章总是先有生活，才有感受。因此，只有看了日出，才能描写日出的奇观。人们喜欢海上日出，就像登泰山观日出一样，我这篇文章的一开头就说，'为了看日出，我常常早起'，当时，确是这样，日出的美好景象吸引了我，给我很深的印象，我就写下了《海上日出》。""我所写的确实不是一天的日出景象，而是集中地概括了我几次在船上看海上日出的所得的总的印象，具体的观感。"通过阅读巴金先生以上的这几段话，我们对《海上日出》这篇课文的诞生以及作者写作的思想感情就有了比较全面的了解。

29

为什么太阳"使劲向上升"是"一纵一纵"的

1927 年 1 月 15 日早晨，巴金同几位有志青年乘邮船从上海出发，开始了历时 37 天的海上之旅，于 2 月 20 日到达巴黎。后来，巴金把旅游见闻整理成《海行杂记》，一共 39 篇，其中第 23 篇就是收入小学语文课本的《海上日出》（有改动）。作者通过对海上日出情景的描写，表达了对大自然的热爱，以及对光明前程的向往之情。那么，为什么作者看到太阳"使劲向上升"是"一纵一纵"的？

原来，早晨海面上大量水蒸气被蒸发上升，水蒸气在不断向上运动时，使阳光产生波动现象，所以作者观察太阳时，会发现太阳产生了"一纵一纵"的感觉。简单地说，水波在动，水蒸气也在动，所以慢慢上升的太阳在作者的眼里才会"一纵一纵"的。可见，作者观察非常认真、仔细。

为什么太阳"红得很" 却"没有亮光"

《海上日出》中还有这样一句话，许多小读者感到不理解："太阳的小半边脸，红是红得很，却没有亮光。"这是为什么？有没有科学道理？

也许作家只相信自己的观察、自己的眼睛，并没有考虑到科学的问题。但是，不论是在海上看日出，还是在山上，或者平原，初升的太阳都是红得很，没有亮光，并不刺眼的。这与光线的折射有关。特别是在海上，早晨海面上有大量的水蒸气，太阳光透过水蒸气发生折射，呈现为七色，而红光穿透力强，所以人们只能看到红色。太阳刚升起时光量不大，透过海面上饱含水蒸气的空气层，光线被反射、吸收，能量消耗很多，光线透不过来，所以没有亮光。生活中，我们许多人都有这方面的常识，只是不知道其中蕴含的科学道理罢了。

31

把长安街比成银河贴切吗

《北京亮起来了》中有这样一句话："东西长安街华灯高照，川流不息的汽车，灯光闪烁，像银河从天而降。"许多学生感到很不解，为什么作者把长安街比喻成银河？这样贴切吗？

我们先来理解"华灯高照"、"川流不息"、"灯光闪烁"这三个词语。夜晚，长安街上整齐排列的那一排灯树，高大而放着光芒的灯，就叫"华灯"，即华丽的灯。也是夜晚，横贯东西的长安街，由汽车灯光组成的那条亮带，像不像一条河？这就是"川流"，原指江河中的流水，本文中指"车子像流水"，"不息"是不停止的意思。用"川流不息"形容长安街上汽车多得像水流不断，每辆汽车上的灯光都一闪一闪的，从远处、从高处看像天上无数颗星星构成的"银河"。想想看，华灯绽放的夜晚，车流如水，十里长安街不像一条从天而降的银河吗，既生动，又贴切！

32

怎样抓住"杰出"来读懂《詹天佑》

"詹天佑是我国杰出的爱国工程师"这句话是《詹天佑》一文的中心句,全文都是围绕这句来选择材料,展开情节的,而"杰出"又是中心句的中心词,抓住它,能帮助我们领会全文的主要内容及思想感情。

1."杰出"的胆识。京张铁路修筑于清朝末年。当时的中国是半封建半殖民地社会,受着帝国主义的欺负,国内又缺乏工程技术人才。帝国主义者就拿这点来要挟:如果清政府用本国工程师来修筑铁路,他们就不过问。当清政府决定用本国的工程师的时候,他们又发出一片嘲笑。况且,一路高山深涧,悬崖峭壁,这样艰巨的工程连外国工程师都不敢轻易尝试,而詹天佑却毅然接受了任务,这需要多么"杰出"的胆识啊!

2."杰出"的智慧。"居庸关地势高,岩层厚,詹天佑决定采用从两端同时向中间凿进的办法";"八达岭隧道长一千一百多米,有居庸关隧道三倍长。他跟老工人商量,决定用中部凿井法";"铁路经过青龙桥顺着山势,设计一种人字形线路"。这三段话都说明詹天佑作为一名爱国工程师,具有"杰出"的智慧。

3．"杰出"的品质。作为一名爱国工程师，他具有杰出的品质："詹天佑不管条件怎样恶劣，始终坚持在野外工作。白天，他攀山越岭，勘测线路。晚上，他就在油灯下绘图，计算。""工地上没有抽水机，詹天佑就带头挑着水桶去排水。"通过这些话，具体生动地表现了詹天佑吃苦耐劳、一丝不苟等"杰出"品质。

在学习《詹天佑》这篇课文时，如果能抓住"杰出"来仔细品读，慢慢咀嚼，就能更好地读懂课文，更好地认识主人公的高大形象，为他的爱国精神和崇高品质所感染，所鼓舞。

34

"月亮地下"究竟怎么解释

我们学习《少年闰土》一课时，会读到这句话："月亮地下，你听，啦啦地响了，猹在咬瓜了。"对"月亮地下"一语许多人都认为就是"月亮底下"的意思。其实，这种解释不但不妥帖，而且是曲解了作者的原意。

早在明代，"月亮地"就已经是一个结构相对稳定的词语，就是在今天的江浙一带农村也还有"月亮地"、"太阳地"之类的说法。《金瓶梅》第五十回中有这样一句话："分付了，两个月亮地里走到小巷内。"对"月亮地"一词，《金瓶梅词典》解释为："有月光的地面。"

那么，"下"字又是什么意思？"下"字在这里应该读轻声，决不是"地下"或"地层内部"的意思，如《水浒传》第十四回："自己便踱出店外看那些车夫吃饭，见他们一个个蹲在地下，吃了个狼餐虎咽。"《水浒传》第四十一回："宋江听得，便挺身而出，跪在地下。"这两句话中的"地下"都表示"地面上"。可见，"下"字是一个表示处所的标志，表达的是"地面上"的意思。

综合起来分析，"月亮地下"就是"有月光的地面上"，而不能用"月亮底下"来代替。

什么叫"五行缺土"

"五行"是指金、木、水、火、土，这五种物质。古代唯物论者认为，这五种物质构成了世间万物的基本元素。可是，后来被蒙上了封建迷信色彩，用五行相生相克的一套"道理"来推测人的命运，如认为缺少了一二种，就要在他的名字里补上。如果五行缺"水"，缺"木"，就可以给他取名"水根"，予以弥补。闰土五行缺土，所以名字要补"土"，以此补齐五行。旧时绍兴一带农民的名字里大多有"金、木、水、火、土"等字样，如金海、焕根、利泉、水土等也都是这个原因。

《少年闰土》中"四角的天空"指的是什么

《少年闰土》是小说《故乡》中一段插叙，其中有的内容比较深奥难懂，如："他们都和我一样，只看见院子里高墙上的四角的天空。"这是"我"抒发感想的句子。那么，"院子里高墙上的四角的天空"指的是什么？

这句话的意思："我"和"往常的朋友"是些"少爷"，整天生活在大院里，不能广泛地接触大自然，像井底之蛙，眼界狭窄。"四角的天空"指生活的天地非常狭窄、眼界受限，与见过世面的生活在海边的闰土形成了鲜明的对比。这句话表达了"我"对自己所处环境的不满，流露了对农村丰富多彩生活的向往，对闰土那见多识广、无拘无束生活的羡慕。

《少年闰土》的时代背景、主题是否等同于《故乡》

学习了《少年闰土》一课以后，都知道这篇课文选自鲁迅先生的小说《故乡》，于是，有的同学就简单地认为《故乡》的主题、时代背景和《少年闰土》是相同或一致的。其实，不是这样，这两者是有一定区别的。

课本中的《少年闰土》只是小说中的一段插叙，是作者在 1921 年 1 月时回忆"将有三十年了"的事情，时代背景应该是辛亥革命前二十年左右半封建、半殖民地的中国农村，而且《少年闰土》的主题思想是通过"我"对少年闰土的回忆，塑造了一个活泼健壮、聪明能干、乡半知识丰富的农家少年形象，表达了"我"对儿时伙伴的怀念之情。

《故乡》这篇小说是以"我"回故乡的见闻和感受作为线索，描绘了辛亥革命后十年间中国农村衰落、萧条的悲惨景象，揭示了广大农民生活痛苦的社会根源，表达了作者改造旧社会、创造新生活的强烈愿望。

鲁迅是希望通过少年闰土活泼开朗的形象，和中年早衰麻木的闰土形象，在两相对比的冲突下，揭露封建礼教对农民的教条规约和黑暗社会对闰土性格的扭曲的罪恶：闰土已

经变得敏感多疑，自私势利，麻木守旧了，而这一切正是当时中国农民的缩影。

因此，我们在学习《少年闰土》时，如果有机会阅读《故乡》，就一定要学会区别两者间的主题思想和时代背景。

"毡帽"是什么样子

我们课本中《朱米》、《少年闰土》等文章都提到了"毡帽"，那是江浙一带的农村人喜欢戴的帽子。那么，这种帽子到底是什么样子呢？

这种帽子一般是用羊毛做原料，经过开水烫、捏、高压等工序做成，再染上黑色，最后晒干而成。这种帽子有光泽，做工精密、细腻，很耐用。旧时的绍兴，戴乌毡帽是当地农民的一种穿戴习俗，男性中不论大人还是小孩子，都喜欢戴毡帽。

毡帽是一种"多功能"的帽子：冬天戴在头上能保暖；下雨天，又可以当笠帽来遮雨；因为是羊毛的，有一定的重量，一般大风是吹不走的（东南沿海风多、风大），很安全、放心；到街上买干货，摘下毡帽可以作为盛放物品的器皿，装一帽子高高兴兴地回家。因此，农民出门都喜欢戴毡帽。

38

现在，这种传统的手工工艺在绍兴已经恢复了生产，不过，年轻人还是不喜欢戴，只有上了一定年纪的人才会因为实用买一顶戴上。当然，作为一种旅游纪念品，它特有的文化内涵，还是颇为吸引游客的眼球。

刺猬为什么要偷瓜

刺猬是一种哺乳动物，体长约有二十五厘米，眼睛和耳朵都很小，全身长满了刺，这种刺也是它自我保护的武器。可是《闰土》里刺猬是个"偷瓜贼"，那么，它为什么要偷瓜呢？

其实，刺猬是一种食肉动物，最喜欢吃甲虫、蜗牛、青蛙、壁虎、小鸟、老鼠、蛇等，实在找不到可口的食物才去找植物吃的。但是，它对香味、酸甜味及带有刺激味道的食物非常敏感，也喜欢作为美食大吃一顿的。因此，在西瓜成熟的季节，昼伏夜出的刺猬就会在晚上悄悄地溜进西瓜地里，以灵敏的嗅觉寻找散发香味的西瓜、香瓜等，找到了，就会竖起身上的针刺朝着瓜滚去，把瓜扎在背部，然后带回洞里去慢慢享受。当然，刺猬也会在果园里用同样的办法背几颗苹果回去，就像扛着一串糖球似的。

39

少年闰土的原型是谁

小学语文课本里的《少年闰土》节选自鲁迅 1921 年写的短篇小说《故乡》。少年闰土是鲁迅先生笔下的一个朴实、健康、活泼、机灵、勇敢的农村少年的形象，作者借闰土给我讲看瓜刺猹、雪地捕鸟、海边拾贝、潮汛看跳鱼儿等几件事，表现了闰土丰富的知识和宽阔的眼界。那么，闰土的原型是谁？

"闰土"的原型是章闰水，生于 1879 年农历闰三月，大概正是这个原因，他的名字里有了"闰"字。他的家在绍兴城外六十里的道墟镇杜浦村（今浙江上虞县杜浦村），村子坐落在曹娥江边，当地的人叫做"海边"。章家世世代代以农为生。章闰水从小就跟着父亲干一些力所能及的活，看瓜地，网鱼，晒稻谷，并向父亲学会了竹编手艺。章闰水的父亲章福庆勤劳善良，有很好的竹编手艺，过年过节或农忙时，经常给人做"忙月"（即在忙碌的月份给人打工帮忙）。1874 年，他在东昌坊口做竹工时，被周家看中到了鲁迅家做忙月。从此，他一家与鲁迅家结下了不解之缘。他的独子章闰水也在周家认识了少年周树人（鲁迅），并成为好朋友。

章闰水给鲁迅讲了很多关于农村的新鲜故事，《少年闰土》里的几个故事讲的就是他的真实见闻。这种友谊一直持续到青年时代。1900 年，在南京矿路学堂读书的鲁迅寒假回乡村，还邀请了章闰水一块去登应天塔，陪他到大江桥游玩，还参观了古轩亭口、大善寺等名胜古迹。鲁迅亲热地叫他"闰水哥"。1903 年，章闰水的父亲去世，他挑起了家庭生活的重担，成了一个勤快本分的庄稼汉。每年夏天都到周家取无偿送给的草灰（给庄稼施肥用的），而且每次会不多不少地带 8 只西瓜作为礼物送给周家人呢。

1919 年 12 月，鲁迅从北京回到故乡绍兴，卖掉旧宅，准备带着母亲、三弟及家属到北京定居。这次回到乡间，幼年的伙伴、农民章闰水特地从海边农村进城来探望鲁迅。章闰水父亲死后，他就挑起了一家的生活重担，脸上刻满了艰苦生活的印记：中等个子，黑黑的脸，布满皱纹，形容憔悴，剃了光头，穿着草鞋，戴着一顶毡帽，身上是土布做成的蓝黑色的大襟衣裳，整日挑土、摇船、做农活儿，手脚从不停歇，是一个勤快老实的庄稼汉。章闰水向鲁迅讲述了"农村做人总是难，一点东西拿出去总是要捐三四回"的悲惨处境，引起了作家的共鸣和深切的同情。这次搬家后的 13 个月，鲁迅把这次回乡的经历，艺术地再现于小说《故乡》中，少年闰土的形象也永远地活在了中国文学史上。

"闰土"的后代情况怎样

闰土是鲁迅笔下一个经过艺术加工的形象，但他也是一个来源于生活的真实人物。由于生活艰辛，积劳成疾，章闰水不到58岁就病故了。1953年，鲁迅纪念馆成立。第二年，章闰水的长子启生的二儿子章贵作为筹建人之一，被从乡下请到了城里。由于没读过书，只好做些后勤工作。后来，前来参观的研究鲁迅的专家听说"闰土"的孙子在馆里工作，都要求见面、访谈，于是章贵作为鲁迅时代的历史见证人也走到了台前。从此，他一边工作，一边学习，慢慢学会了向客人介绍和宣传绍兴的风土人情、历史掌故等，受到了客人的欢迎，也开始了新的生活。

章贵介绍："我的祖父真名叫闰水（鲁迅笔下的闰土），是种田及兼小手工业者，我的曾祖父是个竹工，曾祖母生得很高，人称'长婆婆'，可能就是鲁迅的奶妈阿长。我的祖父去世很早，在我三岁左右就离开了人间。父亲叫启生，也许就是《故乡》中的水生吧，也是种田的，死得也早。他去世时我只八岁。父亲留下我兄弟和妹妹四个孩子，母亲只好帮佣。哥哥十五岁外出做童工，在上海工作。弟弟在上海送人了，一直没有找到。妹妹七岁时饿死了。我十三岁就当了小长工。我小时候没有读过书，到解放后才上了几年小学，只是 1954 年参加鲁迅纪念馆工作后，夜里上职工业余学校才学了些文化。"

1962 年《人民画报》以《"闰土"子孙话今昔》为题，整版报道了"闰土"后代的生活情况，产生了较大的社会影响。1976 年 10 月，为纪念鲁迅逝世 40 周年，由国家文物局和上海鲁迅纪念馆组织的鲁迅展览在日本仙台开幕。作为鲁迅研究者、传播者的章贵应邀与鲁迅之子周海婴共赴日本，朝夕相处一个月，也成了好朋友。2007 年 10 月，在鲁迅故里举行的第四届鲁迅文学奖颁奖典礼上，曾任绍兴鲁迅纪念馆副馆长、已经退休多年的章贵再次与周海婴会面，共话友谊。章贵有一子一女，大儿子在一家企业里做工，女儿在一家幼儿园里当老师。章贵家住的小院子，就在"三味书屋"的隔壁。

43

"小萝卜头"是谁

《我的弟弟》这篇课文是根据宋振苏同志写的回忆录《我的弟弟"小萝卜头"》一书节选而来的。课文中所写的是"小萝卜头"在重庆美蒋特务"中美合作所"的"白公馆"监狱"上学"的事。那么，"小萝卜头"是谁呢？他有什么样的人生经历？

　　"小萝卜头"名叫宋振中，1940 年农历八月十五日出生于西安市。他的父亲宋绮云是中共党员，曾任国民党十七路军总指挥杨虎城将军的秘书。"西安事变"后的 1941 年 9 月，蒋介石下令囚禁杨虎城将军的同时，也秘密逮捕了宋绮云夫妇。宋振中出生不到 8 个月，也被带到了监狱里。他们一家人先后被关押在西安、贵州、重庆等地。狱中八年，他们遭受了非人的严刑拷打和种种折磨，但他们从未屈服，始终保持了共产党员的坚定信念和坚强意志，"我决不能弯下腰，只有怕死才求饶；人生百年终一死，留得清白上九霄"。就是在这种"人间地狱"里，小萝卜头仍然不忘学习，其情其景，感人至深，令人落泪。他的老师叫黄以声，是跟随杨虎城的一名高级将领。杨虎城将军被捕后，反动派也把黄以声关进了"白公馆"集中营。1949 年 9 月 6 日，重庆解放在即，敌特以释放为名，把宋绮云与他的爱人徐林侠、儿子宋振中（不满 9 岁）及杨虎城一家三口骗至重庆松林坡戴笠警卫室杀害。

《我的战友邱少云》的"我"是谁

　　《我的战友邱少云》是用第一人称来写的。我们也知道，有的第一人称是实指，"我"是真人真事；有的是虚指，用

"我"来写是为了表述方便，增强文章的亲切感。那么，这篇课文中的"我"是实指还是虚指呢？

本文中的"我"是实指，指的是本文的作者李元兴同志，他是邱少云生前所在班的副班长，邱少云的亲密战友，二级战斗英雄。

1952年10月12日，李元兴和邱少云一起参加了在朝鲜平康以南铁原以东的"三九一"高地战斗，一起潜伏在敌人的前沿阵地，亲眼看到了邱少云英勇牺牲的全过程。这篇课文是李元兴同志的回忆录，是作者对当时战斗情况的真实回忆和记录。

45

《小英雄雨来》中是怎样妙用反复的

为了强调某一个意思，突出某种情感，作家往往将某些词语或句子重复使用，从修辞艺术的角度讲，我们叫它反复。《小英雄雨来》中就有多处出现了这样的反复，它有哪些妙用呢？

1. 突出人物形象

例：扁鼻子军官气得暴跳起来，嗷嗷地叫："枪毙，枪毙！拉出去，拉出去！"

句子中的词语反复，生动形象地描写了鬼子军官无计可施之际露出的气急败坏的情态，表现了敌人穷凶极恶的性格特征。反复的使用，成了塑造反面人物形象的点睛之笔，给读者留下了深刻印象，极易激发读者的愤怒之情。

 2. 抒发强烈感情

例：大家都高兴得叫起来，"雨来没有死！雨来没有死！"

这是句子的反复，抒发了大家见到雨来活着之后的无比喜悦、激动的感情。反复的使用，把人们又惊又喜的情态，又疼又爱的内心刻画得淋漓尽致，跃然纸上。

3. 深化中心思想

例："我们是中国人，我们爱自己的祖国。"大家就随着女老师的手指，齐声轻轻地念头起来："我们——是中国人，我们——爱——自己的祖国。"

这是雨来的识字课本中的一句话，作者精心地选择它，并安排在师生的诵读中一唱一和，一呼一应，深深地拨动了小读者的心弦！反复的妙用，暗点了小英雄雨来机智勇敢的力量源泉——"爱自己的祖国"，起到了深化中心思想的效果。

《草船借箭》中数字有什么妙用

数字本来是枯燥、单调的，但是《草船借箭》中作者匠心独运，使数字在刻画人物形象、塑造人物特质上发挥了意想不到的作用，给我们留下了深刻的印象。

1. 刻画周瑜的性格

周瑜很妒忌诸葛亮的才干，借商议军事，套出诸葛亮的"水上交战用弓箭最好"的话。于是，周瑜就限定诸葛亮"十天"造好"十万支箭"。"十天"，可见时间极短，而"十万支箭"任务极重。作者用"十天"和"十万支"构成鲜明的对比，把周瑜心胸狭窄、妒贤忌能的性格特点刻画得淋漓尽致。

2. 刻画诸葛亮的性格

周瑜限诸葛亮十天造好十万支箭，诸葛亮深知其意，但是没有把话挑明，而是主动提出只要"三天"。可是，他回去后却并不着手造箭，只是暗中向鲁肃借了"二十条"船，每条船上"三十名"军士，"一千多个"草把子，直到"第三天的四更时候"，诸葛亮才吩咐把"二十条"船用绳索连接起来，朝北岸开去，"二十条"船共向曹操借得"十万多支"箭。这些数字生动而细腻地表现了诸葛亮的胸怀广阔、足智

47

多谋和非凡的军事才能。

3. 刻画鲁肃的性格

鲁肃私自用"二十条"快船，每条船上配上"三十名"军士，以及所需的"一千多个"草把子……这些数字都是按照"诸葛亮"说的去办的，不差分毫，说明鲁肃诚实守信的性格和顾全大局的优秀品质。

4. 刻画曹操的性格

诸葛亮的草船靠近曹操水寨时，曹操看不清虚实，从旱寨调"六千名"弓弩手，共"一万名弓弩手"一齐朝江中放箭。"六千"、"一万"这两个数字颇为庞大，惟妙惟肖地刻画了曹操多疑、谨慎的性格特征。

"草船借箭"的到底是谁

我们小学语文课本的《草船借箭》写借箭的人是诸葛亮。可是，历史上到底是谁在借箭呢？

公元213年，曹操率领百万大军攻克巢湖的濡须口，进逼长江，与孙权隔江对峙。孙权求胜心切，带着一些将士坐上大船到濡须口去偷看曹操大营。这一天，正赶上江上有雾，曹操疑心大，不敢轻易出兵，只好命令士兵放箭。有趣的是，孙权营中正好缺箭，他灵机一动，下令把船停下来，专门承受敌人射来的箭只。时间不长，孙权的半边船上的箭就满了，船有些偏，他又下令把船身调了过来，用船的另一边接箭，直到接满了箭才扬帆返程。可以说，孙权以船借箭，完全是侦察敌情时的巧合，但是小说家罗贯中为了更好地刻画诸葛亮这一艺术形象，便把这个“借箭”的故事安在了他的身上，以突出诸葛亮的神机妙算。可见，我们课本里的“草船借箭”是小说，不是历史，而且地点也不在赤壁，是在濡须口。

《赠汪伦》中“踏歌”是什么意思

《赠汪伦》一诗中有“忽闻岸上踏歌声”，有的教学参考资料对“踏歌”注解为“歌唱时以脚踏地为节拍”，其实这种解释不是太完善。

“踏歌”是一种舞蹈形式，源自民间，远在两千多年前的汉代就已兴起，到了唐代更是风靡盛行，正所谓“丰年人乐业，陇上踏歌行”。大诗人刘禹锡还有一首著名的《踏歌行》。踏歌经历了从民间到宫廷、从宫廷再踱回到民间的变化，其

舞蹈形式一直是踏地为节，边歌边舞，即"踏歌者，连手而歌，踏地以为节也"。用今天通俗的话解读就是，人们手拉着手、合着脚步唱歌。这也是自娱舞蹈的一个主要特征。

《泊船瓜洲》中的地名各指哪里

《泊船瓜洲》是北宋著名诗人王安石创作的一首七言绝句，也是我们小学语文课本里选取的古诗名篇之一，以"春风又绿江南岸"这句诗名声最响，传唱古今。诗中涉及的地名有"京口"、"瓜洲"、"钟山"等，它们各指现在的哪些地名呢？

诗中的"京口"就是现在的江苏省镇江市，靠长江边；而"瓜洲"则是对岸的一个小岛，遗憾的是，这个小岛已经不复存在了。宋朝时，这儿是大运河的长江出口，水上交通很繁忙。"钟山"就是南京的代指，市内有"钟山"这座山，现在位于南京市东北郊，是我国第一批国家级风景名胜区之一。三国时，东吴曾称它为蒋山，东西长 7.4 公里，南北宽 3 公里，周长约 20 多公里，蜿蜒起伏，像一条游龙，在阳光的照耀下，山上那紫色的页岩层像紫金一样闪烁生耀，所以人们又叫它"紫金山"。

50

《泊船瓜洲》中"绿"字妙在哪里

《泊船瓜洲》是诗人王安石的一首抒怀诗,诗中的一个"绿"字最受后人推崇。那么,"绿"字妙在哪里呢?

当时,一轮明月从东方升起,诗人一时兴起,随口吟出"京口瓜洲一水间,钟山只隔数重山。春风又到江南岸,明月何时照我还?"其中"到"字,他觉得用在这里不贴切,也太平庸,又改为"过"字,读了几遍,仍不满意,后改成"入"字、"满"字……想了又想,改了又改,最后吟出了一个"绿"字。

"绿"字,一下子把江南的满眼春景写活了;"绿"不仅表明"绿色",还有"吹绿了"的意思,把春风拟人化了,增添了动态美。

51

《泊船瓜洲》的"间"应该怎么读

这首诗中的"京口瓜洲一水间"的"间"应该怎么读呢?值得提醒小读者的是,"间"字不能误读成去声,不是动词"间隔"的"间"。根据本诗平仄格律、"间"字固有的词

义，以及古人语言习惯，这里的"间"字必须读成平声。"一水间"，与"咫尺间"、"几步间"、"一瞬间"、"一念间"等相同，中心词为"间"，限定成分为"一水"。整句的意思是说京口和瓜洲就一条（横向的）河的距离之内，也就是古人所说的"一水之遥"。诗人王安石并不是想说它们的隔离，而是想说到了这儿，江南江北就"近在咫尺"了。

为什么《暮江吟》中"铺"字用得妙

52

《暮江吟》是白居易"杂律诗"中的一首，大约是长庆二年（公元822年）白居易赴杭州任刺史途中写的，表现了诗人离开朝廷后的轻松愉快的心情。其中首句"一道残阳铺水中"的"铺"字，历来都被人们称为用得很妙的一个字，这是为什么呢？

作者在全诗中是选取了红日西沉到新月东升这一段时间里的两组景物来进行描写的。前两句写夕阳照耀下的江水。夕阳从地平线上平铺水中，江面上形成了一半碧绿一半红的景观，而"铺"字用得最为精妙。这是因为，"残阳"已经接近地平线，几乎是贴着地面照过来的，确实像"铺"在江上，非常形象、逼真，让人有一种身临其境之感。这个"铺"字也显得平缓，写出了秋天夕阳的柔和，给人以亲切安闲的感觉。想一想，如果把"铺"字换成"照"、"射"、"到"等字，还会有这样效果吗？仔细品悟，不难发现，还是这个"铺"字好，既准确，又有动态的美感。

《暮江吟》应该怎样朗读

"好诗不厌百回读"。读《暮江吟》这首诗时，一定要想象诗中所描写的优美景色，四句出现了两幅画面，在想象画面的基础上记住诗句。我们可以按照这样的节拍来朗读，有助于我们理解诗的内容和体会它的意境：

"一道／残阳∥铺／水中，

半江／瑟瑟∥半江／红。

可怜／九月∥初三／夜，

露似／真珠∥月似／弓。"

在朗读"一道残阳铺水中"时，要读得平缓、轻柔；在朗读"瑟瑟"和"红"时，要注意把语调略为拉长一些，显示颜色的奇特；朗读"可怜九月初三夜，露似真珠月似弓"时，又要注意读出赞美喜爱之情，心情是轻松、愉悦的。

53

"春天到了"为什么会打动人

　　《加了一句话》是一篇略读课文，主要讲述一个在巴黎街头乞讨的盲妇人，中午时还是一无所有，晚上却发现许多过往行人纷纷向她面前投掷铜币，原来是一位诗人在她"我什么也看不见"的木牌上加上"春天到了"这句话。那么，为什么加上"春天到了"会意境全新，特别能打动人？

　　盲妇人原来要表达的意思是"因为我眼睛瞎了，所以什么也看不见"。经诗人改动之后，意思变为"春天到了，我本来应该如同常人一样看到桃红柳绿，但是我什么都看不见"。

54

这一改动，产生两个效果：一是反衬。春天是美妙的，人人都喜欢，而盲人看不见，无法拥有春天，反衬了不幸人更加不幸，唤起了人们在刹那间的无限同情。二是句式和思维的变化。开始用的是"因为……所以……"的关系，是习惯性思维，而后来改为"应该……但……"的关系，是逆向思维，给人造成一种缺憾，有暗示你应该怎么办才能弥补这种缺憾的作用。

《长征》中的"三军"指什么

毛泽东同志的《长征》一诗被选入我们小学语文课本里，其中"三军过后尽开颜"这句诗中的"三军"一直有不同的解读。过去，有的把"三军"理解为红军的第一、第二、第四三个方面军。其实，这种理解是不妥的。因为，第四、第二方面军与第一方面军在甘肃会宁地区会合是 1936 年 10 月，可毛泽东这首诗写于 1935 年 10 月。当时第二方面军还没有组建（1936 年 7 月第二、六军团和第四方面军会师后才组建了第二方面军），三军会师是诗成一年之后的事。因此，把"三军"理解为"全军"更恰当些。

55

这些长征数字你知道吗

为了保存革命的有生力量，为了北上抗日，中央红军主力红一、三、五、八、九军团和中央党政军领导机关组成的野战纵队，共有 8 万多人先后从兴国、古城、宁都、长汀、瑞金等地开始了举世闻名的二万五千里长征。

在红军长征路上，每日天上有几十架敌机在侦察轰炸，

地上有数十万敌军围追堵截，在漫漫征程中遇到了难以想象的困难：行程二万五千里；以红一方面军为例，长征历时 1 年，共翻越山脉 18 座，其中 5 座终年覆盖着冰雪，跨过大河 24 条，占领大小城市 62 座，纵横 11 个省，平均每天 35 公里；红军长征也付出了沉重的代价，红军在突破敌人第四道封锁线即湘江后，由出发时的八万多人锐减到三万人；红军长征途中经历了大约 120 次主要战斗、战役，共歼敌 40 个团，击溃敌人数百个团，击落敌机 4 架、缴获长短枪 3000 多支、轻重机枪 330 多挺、火炮 20 多门、骡马约 2000 多匹；红军长征中创造了世界军事史上的许多奇迹，如孤舟抢渡大渡河、22 名勇士飞夺泸定桥、转战乌蒙山、激战嘉陵江、血战独树镇、四渡赤水、巧渡金沙江、抢占腊子口，等等。

56

"雄关漫道真如铁，而今迈步从头越。"回眸史诗般的长征，仍为当年红军的长征精神所震撼，也值得今天我们在新时代学习、传承和发挥光大。

红军走过的草地在哪里

我们课本里有多篇文章写到了红军的二万五千里长征

这一壮举，并涉及到红军长征走过的草地。那么，草地在哪里？

1935 年 7 月，红军抵达草地南缘的毛儿盖地区，经过一番准备，先头部队于 8 月 21 日向草地挺进。这片草地在四川省北部的松潘地区，位于白河与黑河之间，是两块各有 250 平方公里的沼泽地。它南北长 120 公里，荒无人烟，天气变化无常，有时 7 月还会雪花纷飞，甚至下冰雹。在水草底下，泛着黑色的积水，散发出刺鼻的腐臭味。许多草丛下面就是十分松软的沼泽，人只要一踏上去，就会立即陷进去，甚至遭到灭顶之灾。

57

这些成语中的科学知识你知道吗

1. 为什么要"沙里淘金"

"千淘万漉虽辛苦，吹尽黄沙始到金。"这是唐朝诗人刘禹锡描述"沙里淘金"艰辛的著名诗句。那么，为什么要沙里淘金？得到金子真的那么难吗？

"沙里淘金"比喻从大量的材料里剔出糟粕，选择精华，有时也用来形容做一件事情十分困难，用力很大而收效甚微。

其实，"沙里淘金"是开采黄金的一种方法。

金是一种稀有金属元素，在地壳中的含量只有 5% 左右，分布稀落，含量极少，需要从夹在岩石和矿石中的山金来提取。这些物质有的在陆地的矿藏中，有的历经千百年来的风吹雨打，被冲入江河，与沙一起沉积成矿床。据专家研究，通常每吨沙中约含金 3～10 克，需要反复淘洗才能得到，过程异常艰苦，收获却甚微。可是，金，历来是财富的象征，是人们极推崇的珍贵饰品，像金耳环、金项链等，也是世界上最为保值的流通货币，所以，人类的"沙里淘金"脚步不会停止。

2. 为什么说"烈火见真金"

成语"烈火见真金"和"真金不怕火炼"是用来比喻关键时刻最能考验人，意志坚强，或正直无私的人能经得起任何考验。那么，为什么"烈火见真金"？

黄金在古代就被人们看作是财富的象征，人们希望能够得到它。于是，炼金术在我国古代非常盛行。古代的炼金人认为，通过某种媒介物的相互转化，一般金属也能转化为黄金和白银。于是，中外的一些统治者豢养了大批炼金术士，在宫廷教堂，升起炉火，昼夜奔忙，熔炼黄金。其实，这是没有科学道理的。他们只能烧炼出像金子一样黄澄澄的黄铜（用红铜和化学成分为碳酸锌的炉甘石粉末烧成），这就是人们常说的药金。尽管炼金术士用它冒充黄金欺骗了不少人，但真正的黄金是要从沙里淘洗的，而不是炼出来的。有趣的是，在炼金的过程中，人们无意间掌握了一种区别真伪金子的方法即火法试金：如果是金子，放入猛火中，丝毫不会发生变化；如果产生赤、橙、黄、绿、蓝等五色火焰，则说明是药金。这就是"真金不怕火炼"的由来。现代科学研究证实，黄金熔点高达 1064.43 摄氏度左右呢，在普通的燃烧中不会被融化。

3."石破天惊"指的是什么"石"

最早使用"石破天惊"这个成语的是唐代的李贺。他在《昌谷集·李凭箜篌引》中写道："女娲炼石补天处，石破天惊逗秋雨。"本意是形容箜篌乐器声音高亢激昂，出人意外，不可名状。现在一般用这个成语来比喻对某一事件感到意外震惊，或某个观点论述出奇而惊人。

那么，"石破天惊"中的"石"是什么"石"，是不是女娲补天中的"五彩石"？不是，它原指的是硝石，又称焰硝、钾硝石等，是古代人炼丹用的一种化学材料。

古代的炼丹士用硫磺、硝石等混在丹鼎中烧炼，常常会发生爆炸事故，无意中诞生了火药，它成了我国古代四大发明之一。"石破"，产生巨大的爆炸声响，才会有"天惊"。后来，人们还把火药用于工农业生产，开山劈石，架桥铺路，造福人民。

现在，硝石不仅是制造火药、玻璃、食品防腐剂的原料之一，也可以用来作五彩、粉彩的颜料，还是一味中药处方呢，对治疗头痛、腰腹痛、眼红肿痛、眼目障翳、喉痹等都有一定的疗效。

4."涂脂抹粉"怎样做更科学

人们喜欢用成语"涂脂抹粉"来比喻对丑恶的东西进行掩饰，欺骗别人。那么，"涂脂抹粉"的本意是什么，怎么样做更科学？

从古到今，妇女们都喜欢通过涂抹脂粉来装扮自己。实践证明，适当使用脂粉能使人的皮肤光滑、洁白、润泽，既保护皮肤，又美观可爱。

古代美女涂脂抹粉用的是胭脂，是用红蓝花或苏木，加入牛髓、猪胰素等压制而成；现代女性"涂脂抹粉"用的主要是颜料、黏合料、香精、色素等基料构成的化妆品。那么，怎么样涂脂抹粉更科学？

如果你是干燥皮肤，最好选用脂肪含量较高的油剂型化妆品，如香脂、冷霜等；如果你是油脂皮肤，最好选用水剂型化妆品，如杏仁蜜、雪花膏等；如果为了治疗面部的疙瘩、斑痕等，可以选用药剂型的，如珍珠霜、人参霜等，这类添加了各种药用成分的化妆品，既有一定的营养，又有治疗效果。

5."冰清玉洁"有科学道理吗

成语"冰清玉洁"原指像冰一样清明，像玉一样纯洁，

60

比喻人品高尚纯洁，做事光明磊落，或者用来形容办事清正廉明，行为举止堪称表率。那么，"冰清玉洁"有没有一定的科学道理呢？

我们先来看"冰清"。大家都知道，海水并不干净，是一种复杂溶液。一般情况下，海水含有各种盐类的总量约为30‰～35‰，这其中以食盐为主约占78%，氯化镁、硫酸镁、氯化钾等共占22%。科学家测定，在0℃时海水不会结冰。当温度更低时，海水中的一部分纯水才会凝聚成冰。海水又咸又苦，海水凝成的冰却是淡的，也就是说它比海水要纯净得多，已经把那些含盐的化合物排出去了，否则冰不会那么"清"。日常生活中我们也会发现，水缸里的水放在室外，上层结成了冰，晶莹透亮，把冰敲破，融化成水，明显比原来的水纯净，这也说明水结冰的过程中有自洁自清的功能。

"玉洁"也是这个道理。古代的玉一般就是指当代的软玉。软玉是在地壳的高温、高压的熔融状态的岩浆中结晶而成，这一过程，其他杂质都被摒弃，软玉本身的质地才变得纯洁一些。这一过程也很像水结冰的自清自洁。

可以说，"冰清"靠的是低温，"玉洁"靠的是高温、高压，两种虽是截然不同的道路，收获的却都是"纯洁"。

6. 为什么"百炼成钢"

晋代的刘琨在《重赠卢谌》诗中有一名句："何意百炼钢，化为绕指柔。"指的也是"百炼成钢"。那么，成语"百

炼成钢"是什么意思？为什么要"百炼"才能"成钢"？

"百炼成钢"本意是指铁经过多次锻炼就能炼成钢，比喻人必须经过长期的、反复多次的锻炼和考验，才能成为坚强的、百折不挠的优秀人物或英才。

我国古代炼钢是用"炒钢"进行反复叠打而成。西汉末年，我国有了炒钢技术，到了东汉已很普及。炒钢是指向熔化的生铁水中鼓入空气，同时进行搅拌，促进其中的碳等杂质氧化，有控制地将生铁中的含碳量炒到需要的程度，再锻打成钢制品，也可以把生铁炒成熟铁，再经过渗碳锻打成钢。这一过程需要一而再、再而三的烈火焚烧、千锤百炼，才能使锻件中的夹杂物逐渐细化，变成内部组织致密、成分均匀的钢。钢中的金属晶粒和夹杂物越细、越小、越少，钢的质量也就越高。这就是"百炼成钢"的科学来历。

 62

 7. 为什么花儿会"万紫千红"？

宋代诗人朱熹在《春日》中写下了这样诗句："等闲识得东风面，万紫千红总是春。"后来，人们就用"万紫千红"来形容百花齐放，色彩艳丽，也比喻事物丰富多彩，气象万千，欣欣向荣。那么，植物"万紫千红"为哪般呢？

三百年多前，英国化学家罗伯特·波义耳把紫罗兰浸入酸中竟变成了紫罗红。后来，他又把牵牛花放在碱水中，发现花儿由红变蓝，再放入酸水中蓝花又变成红色。从此，人类发现了花儿变色的奥秘。原来，花的颜色是由花瓣细胞中的酸碱度所决定的。花瓣细胞中含有由葡萄糖变成的花青素，当它是酸性的时候呈现红色，而且酸性越强，红得越深。当它是中性的时候，则呈现紫色；当它是碱性的时候，就呈现蓝色，而且碱性越强，蓝色也就越深。像墨菊、黑牡丹等少数花卉，它们的花瓣细胞液是强碱性的，所以花为黑色，成为花中的珍品。黄菊花、迎春花、油菜花等花卉，呈黄色或橙色，其颜色和胡萝卜相似，所以这种色素就称为胡萝卜素。白玉兰、白菊花是白色的，是因为它的花瓣细胞里不含色素的缘故。还有的花颜色多变，如木芙蓉、玉莲花，一日三变，其奥妙也是一天早、中、晚花瓣细胞液碱度不一样的缘故。

可见，在花的细胞液中，隐藏了一些"魔术大师"——花色素、胡萝卜素、类胡萝卜素、叶黄素等有机色素，花儿的五颜六色就是它们玩的魔术。花儿经过这些"魔术大师"的打扮，便显得五光十色，万紫千红了。

63

学好成语有什么窍门

成语是词语中的精华，言简意赅，寓意深远，深得人们的喜爱。可是，怎样才能更好地掌握和运用成语呢？学好成语有什么窍门？

1. 要注意成语古今词义的变化

语言有时代性，像我们今天的网络语言，古代人是弄不明白的。同样的道理，成语产生也有它的历史背景，学习成语时要注意古今词义的变化，如："亡羊补牢"中的"亡"不是今天的"死亡"的意思，而是古代的"丢失"，"牢"是"牲口圈"，也不能解释为"结实、坚固"等。

 2. 要注意成语的出处

有的成语是有来历、典故的，甚至本身就是一个非常美妙的故事，如"叶公好龙"、"南辕北辙"等，可以通过查《成语词典》了解它的背景，或者故事情节，便于记忆和理解它的意思。

 3. 要结合上下文理解成语

如："我不曾身临其境，没有什么感受。"这是《中条山的风》中一句话，"不曾身临其境"，当然会"没有什么感受"，反过来理解，如果"亲身到了那个地方"，自然就是"身临其境"。

 4. 要在语言环境中学习成语

如我们学习《再见了，亲人》时会遇到成语"雪中送炭"，这里的"雪"是指志愿军缺粮的严重困难，"炭"是指大娘送去的打糕，课文中是指在志愿军战士空着肚子跟敌人拼了三天三夜这样严重缺粮的情况下，朝鲜大娘送去了打糕，就好比"雪中送炭"。可见，我们在学习"雪中送炭"这个成语时，既要理解它的本义，还要结合课文中具体的语言环境来理解它的引申义，不能孤立地死记硬背成语的解释，这样不能算是真正学好了成语。

 5. 学会运用成语

不论你对成语的引申义、本义等理解得多么透彻，掌握得多么娴熟，如果不会灵活运用，还不能称得上是掌握了这个成语。我们必须要在平时说话、作文中注意运用成语，这样既能强化对成语的记忆，加深对成语的理解，又可以灵活运用，不断提高自己的语言表达能力，真正做到学以致用。

65

"守株待兔"、"拔苗助长" 这些成语为什么讽刺的都是宋人

学习了"守株待兔"、"拔苗助长"这些寓言以后，我们常常会感到纳闷：为什么讽刺的对象都是宋人？而且，先秦时代的一些寓言故事里，宋人往往都是被嘲笑的对象，这到底为什么？

原来，宋国的开国君主是商纣王的同父异母哥哥微子启。商纣王暴虐成性、荒淫无耻，不得人心，终于被周武王推翻。商朝灭亡后，周朝兴起，周朝的老百姓当然会鄙视这些成为亡国奴的商代贵族，而这些贵族大多住在宋国，于是人们群起而攻之，把他们当作讽刺和讥笑的对象。当时，诸子百家十分活跃，或登台演说，或写诗撰文，来表达自己的政治主张，而寓言故事也成了诸子百家争鸣的手段了，所以我们今天看到的古代寓言故事中，宋人常常成为被嘲笑的对象。

"青蛙卵剥离手术"说明了什么

66

《一定要争气》这篇精读课文写了我国著名生物学家童第周在学生时代勤奋学习、刻苦钻研的两件事，表现了"一定要争气"的自尊、自强、自立的民族精神。其中有一件就是讲童第周成功地做了青蛙卵外膜剥离手术，为中国人争了气。那么，这种手术到底说明了什么？

1930年，童第周留学比利时，当时生物界正在研究青蛙卵，却没有人能够把青蛙卵完整地剥开，研究只好被迫停止。后来，童第周毅然站出来，决心攻克这一难关，希望通过自己的努力来完成青蛙卵的剥离手术。

说起来容易做起来难。因为青蛙卵只有小米粒那样小，外面紧包着三层像蛋白一样的软膜，要把它们剥下来，异常困难，必须借助显微镜，手的动作稍有不当，卵膜就会被撕碎，所以这种剥离术进行了几年都没有成功。而当时童第周工作的条件非常简陋：没有电灯，没有培养胚胎的玻璃器皿，没有像样的解剖器，甚至青蛙也是从野外逮来的。面对这些，童第周没有退缩，就在阴暗的院子里利用天然光在显微镜下从事切割和分离卵子工作，用粗陶瓷酒杯来代替培养胚胎的玻璃器皿，用一根自己拉的极细的玻璃丝作为解剖器具，在同事们配合下终于完成了高难度的青蛙卵剥离手术。当童第周完成试验的时候，他的老师、著名的生物学家布拉舍教授说："童先生了不起！中国人真的了不起！你战胜了上帝，为我们的实验开辟了一条道路！"这一成果也立即轰动了整个生物界。

67

为什么"发明与发现"
有时面临"驱逐和迫害"

　　《童年的发现》这篇课文回忆了作者小时候的一项科学发现，表达了对求知若渴的美好童年的追忆和怀想。课本里有

这样一句话特别让大家费解："我明白了——世界上重大的发明与发现，有时还面临着受到驱逐和迫害的风险。"这是为什么？

这句话一语双关。一方面，它是有所指的，在人类的科学史上，阿基米德、哥白尼等伟大的学者都曾有过类似的不幸遭遇，受到过不公平的待遇，包括侮辱、打击和迫害，甚至身陷囹圄，甚至付出生命。另一方面，是"我"用幽默与自嘲的方式，表达了对这件事的看法，意思是说，世界上的大科学家都有这样的不幸，自己是个小人物，因一项科学发现被轰出教室这又算得了什么呢？作者用这句话表达了对童年为科学发现遭遇不公的看法和纪念之情。

《本草纲目》是怎样出版的

《李时珍》一课写到他以毕生的精力研究中医药学，编写出了著名的《本草纲目》这本巨著。那么，这本书是怎样出版的呢？对此，许多学生感到疑惑。

《本草纲目》编写后，李时珍希望早日出版。可是，由于他在书中批判了水银无毒，久服成仙，能够长生等说法，与当时皇帝大臣都相信道士们的水银炼丹术相悖，所以这部著作大书商们都不敢出版。70多岁的李时珍为了早日出版，从武昌跑到当时出版业中心南京，希望通过私商来解决。可是，由于长年辛苦劳累，李时珍终于病倒在床，只好在病中嘱咐他的孩子们，将来把《本草纲目》献给朝廷，借助朝廷的力量传布于世。这样，李时珍还没有见到《本草纲目》的出版，就与世长辞了。

后来，明朝皇帝朱诩钧为了充实国家书库，下令全国各地向朝廷献书，李时珍的儿子李建元就将《本草纲目》献给了朝廷。当时，朝廷批了"书留览、礼部知道"七个字，就把《本草纲目》束之高阁了。《本草纲目》的出版又成了泡影。万分无奈之下，李时珍的后人在南京的私人刻书家胡承龙的帮助下，于李时珍死后的第3年（1596年），终于把《本草纲目》出版了。随即，这本书引起了巨大的反响，人们到处传播它，并进行翻刻，成为医生们的必备书籍。公元1606年《本草纲目》首先传入日本，1647年波兰人弥格来中国，将《本草纲目》译成拉丁文流传至欧洲，后来又先后译成日、朝、法、德、英、俄等文字，成为有世界性影响的医学巨著。

69

为什么说"那时候行医是受人鄙视的行业"

《李时珍》一课写到"那时候行医是受人鄙视的行业"，这是为什么？

在我国历史上，从隋文帝开始实行了开科取士制度。到了明朝，科举更为盛行，有"万般皆下品，唯有读书高"的社会风气。李时珍的祖父、父亲都是当时名医，但是，当时社会推崇的是读书入仕，即通过读书做官被认为是正道，而工、农、医、商等都是下品，被人瞧不起。因此，李时珍所处的年代做医生不仅不受重视，而且还要遭到鄙视，地位很卑贱。也正是这个原因，李时珍的父亲不准许儿子学医，而是要他参加科举考试。虽然父亲要求非常严厉，李时珍在父亲的督促下也中了秀才，但是三次乡试失败后，他毅然决然地放弃了"学而优则仕"的道路，而是以毕生的精力研究中医学，编写出了著名的《本草纲目》，被后人称为"医圣"。

70

为什么"四周黑洞洞"就"容易碰壁"

《我的伯父鲁迅先生》一文中有一句爱憎分明的话，同学们阅读起来感到不易理解：

"你想，四周黑洞洞的，还不容易碰壁吗？"

首先，这句话是运用了博喻的修辞手法。"黑洞洞"比喻当时社会的黑暗，"壁"比喻阻碍社会进步的反动政府，"碰壁"比喻鲁迅先生与黑暗社会所作的斗争及受到的挫折。三个比喻联用，喻中有喻，形象生动地抒发了鲁迅先生对黑暗社会的憎恨，即"怒其不争"。

其次，这个博喻是寓在一片诙谐的谈话氛围中的。鲁迅先生说出这个严肃的问题，却采用了幽默的手法，妙取喻体，既贴切新颖，又表达了乐观主义精神。"幽默者的心总是热的"。正因为鲁迅先生热爱祖国，才不畏"碰壁"。

寥寥几个字，既深刻形象地讽刺了当时的黑暗社会，又表达了鲁迅"哀其不幸"的含泪的爱，鲁迅先生高超的语言表达水平也可见一斑。

71

为什么既称"伯父"又叫"先生"

《我的伯父鲁迅先生》是鲁迅先生的侄女周晔写的一篇回忆文章。那么，为什么对鲁迅既称"伯父"又叫"先生"呢？这样是不是有点矛盾？

一般来说，"伯父"是亲属的称谓，有的是嫡系，有的表示与父辈关系十分亲近的，比父亲年长的关系，而"先生"是普通称谓，是一种敬称。可是，在同一场合，甚至是同一

篇文章、同一句话中，为什么两个词同时出现呢？原来，"我的伯父"是为点明作者和鲁迅的亲属关系，这在追思文章中很有必要的。而"鲁迅先生"又是社会上约定俗成的对鲁迅的尊敬的称呼。课文以《我的伯父鲁迅先生》为题，既表达了文章系亲属对他的追忆和怀念，是一种亲情，也不违已为全社会所接受的对鲁迅的尊称，表达了越过血缘之上的敬意。

《将相和》中写到了一些什么官职

72

　　《将相和》一课中写到的官职主要有"相"、"上大夫"、"上卿"等官职。那么，它们到底是一些什么样的官儿？

　　"相"，就是"丞相"，是承君主的意旨来处理国家事务的人。这种官职始于战国，是百官之长。丞相也称"相国"。蔺相如曾经是赵惠文王的丞相。

　　西周后的诸侯国中国君之下有卿、大夫、士三级。卿，就是掌握国政和统兵的权力，辅佐君、侯，居百官之长的相国。战国时也作为爵位的称呼，有上卿、中卿、下卿之区别。上卿是卿中的最高级别。大夫的地位比卿低，是世袭的，有封地。因此，对于一般有官职的人都称大夫。大夫也分为上、中、下三等。

渑池之会后，蔺相如又一次立了大功，由"上大夫"封为"上卿"，职位便在廉颇之上了。

"鼓瑟"是什么意思

《将相和》中出现了"鼓瑟"这个词语，由于年代久远，许多同学感到很陌生，不容易理解。

"瑟"是中国原始的丝弦乐器之一。它是一种古代的拨弦乐器，形状似琴，有25根弦，弦的粗细不同。每弦有一柱。按五声音阶定弦。古时，瑟常常与琴或笙合奏。"鼓瑟"就是演奏这种乐器。

73

"缶"是一种什么乐器

许多同学都认为，"缶"是指古代一种打击乐器。可是，在我们小学语文《将相和》中的"缶"并不是打击乐器，而是一种盛满酒浆的瓦器，口小，腹大，秦代人唱歌时，喜欢击打它作为节拍伴奏。

据东汉许慎编写的《说文解字》里解释："缶，瓦器，所以盛酒浆，秦人鼓之以节歌。"《康熙字典》和《中华大字典》也是这样解释的。"缶"在《史记·廉颇蔺相如列传》中也写作"罐"。朱东润先生编的高等院校文科教材《中国历代文学作品选》上编第二册在解释这个字时，也指出"罐，同缶，盛酒浆的瓦器。秦人敲打盆缶作为歌唱的节拍。"因此，我们说"缶"在《将相和》中是指装酒的瓦器而不是打击乐器。

大海的五次变化与老太婆的心理活动有什么关系

《渔夫和金鱼的故事》这篇课文里在写到大海时，每次都会写大海随着老太婆要求的不同而出现不同的变化，一共有五次这样的变化。想一想，这是为什么？有什么作用？

我们先来看看大海的五次变化：第一次，老太婆得到一个新木盆时，"蔚蓝的大海在轻微地起着波浪"；第二次老太婆逼着老头儿去要一座木房子时，蔚蓝的大海"发起浑来"；第三次是老太婆逼着老头儿去对金鱼说要做贵妇人时，大海"不安静起来"；第四次是老太婆逼着老头儿去对金鱼说要做女皇时，大海变得"阴暗"起来；第五次是老太婆逼着老头儿去对金鱼说要做海上女霸王时，"海上掀起了黑色的大浪"，"激怒的波涛翻动起来，在奔腾，在狂吼"。这五次大海的变化都与老太婆贪婪的要求有关，实际上是作者借大海的变化来衬托金鱼的心理活动。尽管金鱼没有直接同老太婆打交道，但金鱼是作者心目中权威、正直的神灵的化身，寄托着作者的爱憎。因此，随着老太婆要求的不断升高，大海的变化也越来越恐怖，那是金鱼在表达自己的愤怒，直到最后怒涛滚滚，让老太婆贪得无厌的要求变得一无所有！

"金色的鱼钩"为什么不能解释成"金黄色"

75

学习课文《金色的鱼钩》以后，有的同学会把"金色的鱼钩"理解为"金黄色的鱼钩"，这是否正确呢？还有，课文在结尾处说鱼钩"长满了红锈"，又说它"闪烁着灿烂的金色的光芒"这是否矛盾呢？

事实上，老班长用过的那枚鱼钩确实长满了红锈，说闪烁着"金色的光芒"，是因为这个鱼钩有着不平凡的来历和感人至深的一段故事。从它身上，我们可以看到老班长对党的忠诚、对革命的炽热、对同志的关心，老班长那种舍己为人

的精神是通过与这枚鱼钩有关的故事表现出来的。因此，这里的"金色"已经不是具体指鱼钩的颜色，而是一种象征手法，用"金色"来象征着这种不朽的革命精神。可见，"金色"不能简单地解释为"金黄色"这种本义，而是要解释词语所代表的象征义。

为什么要"不断地对自己说"

76

《一夜的工作》这篇课文讲的是作者在陪同周恩来总理审阅一篇稿子时，目睹周总理一夜工作的情形，歌颂了周总理不辞劳苦的工作精神和简朴的生活作风，抒发了作者对周总理的崇敬、爱戴之情。那么，作者为什么要"我不断地想，不断地对自己说"？

这句话是课文中的难点之一。我们理解时一定要结合上下文来学习，首先作者"不断地想，不断地对自己说"是由于目睹了周总理一夜的工作，亲眼看到了周总理工作是那么劳苦，而生活又是那样简朴，心里感慨万千，激动不已，才会这么连连自语地感叹；其次是这种感叹发生在回来的路上，胸中虽然有千言万语想向他人倾诉，可是在路上又无法找到倾诉的对象，只好对自己说了。因此，"我不断地想，不断地对自己说"，是作者目睹了周总理的一夜工作及生活情况后，抒发的那种难以抑制的激情，为情不自禁地发出"这就是我们新中国的总理"这样的感叹作了情感上的铺垫。

凡卡有破皮袄为什么不穿

《凡卡》中有这样一段话："他很满意没人打搅他写信，就戴上帽子，连破皮袄都没穿，只穿着衬衫，跑到街上去了……"凡卡既然有破皮袄，天又是那么冷，为什么不穿上它就跑到街上去呢？作者这样写是不是不合情理？

其实，只要我们认真地阅读全文，仔细地品味凡卡的思想感情变化，就会理解小凡卡为什么会这么"冲动"。因为没有人打搅他写信，好不容易写完了信，而且他是那么急切地期盼这封信能够立即送到爷爷的手中，能让爷爷快一点把他救出来，脱离"苦海"，所以才会忘掉寒冷，忘掉一切，甚至不顾一切地跑出去寄信。作者这样写，一方面说明凡卡生活的极端悲惨痛苦，另一方面反衬了小凡卡摆脱非人生活的迫切心情！

《凡卡》以梦结尾说明了什么

　　《凡卡》是俄国著名作家契诃夫于 1886 年写的。当时沙皇统治的社会十分黑暗，无数破产了的农民被迫流入城市谋生，他们深受剥削，甚至连儿童也不能幸免。这篇小说通过凡卡给爷爷写信这件事，反映了沙皇统治下俄国社会中穷苦儿童的悲惨命运，揭露了当时社会制度的黑暗。文章按写信的过程记叙，先是写凡卡在圣诞节前夜趁老板、老板娘和伙计们去教堂做礼拜的机会，偷偷地给爷爷写信；接着，通过写信向爷爷倾诉自己在鞋铺当学徒遭受的苦难，希望回到家乡和爷爷在一起，并回忆了在家乡的那些难忘的快乐情景；最后写凡卡投寄信，可是没有把收信人的地址、名字等写清楚就匆匆忙忙地把信塞进邮筒里，并在甜蜜的梦中看见爷爷正在念着他的信……

　　那么，《凡卡》一课以梦结尾说明了什么？让我们从两个方面来分析以梦结尾的妙处，或者说，为什么作家要用梦来给小说结尾。一是从小说的情节发展来讲，这一结尾符合凡卡的心理和生理要求。因为他迫切地想脱离苦海，写完信以后还沉醉在幸福的梦想之中，当然容易进入梦乡，看到爷爷正在读他的信。这也说明了凡卡生活的时代，只能是现实与希望之间永远存在着矛盾。作者这样安排合情合理，是读者

78

意料之中的，包括忘记写地址、姓名等，也是孩子在兴奋中所犯的正常的低级错误，是可以理解和原谅的。二是从作者构思的艺术角度来讲，这是深化主题的点睛之笔。借梦来表明一个孤苦无依的穷孩子，在沙俄的黑暗统治下，连最起码的生活权利也没有，只能到梦中获得一点点快乐，也暗示凡卡的希望也只能在梦中实现，现实生活等待他的永远是无法改变的悲惨命运，他的遭遇让人悲愤、叹息。

《凡卡》为什么写得那么逼真

　　《凡卡》一课把凡卡遭受的苦难写得非常逼真，令人痛心和感叹。那么，这篇小说成功的秘诀在哪里呢？

　　第一，这篇小说从艺术上分析自有独特之处。一是讲凡卡的悲惨遭遇，由作者的叙述、凡卡的信和他在写信过程中的回忆三部分内容穿插起来，相互映衬；第二，采用了对比反衬和暗示的手法；第三，抓住了细节描写，从人物的语言、神情、动作、心理描写等方面入手进行了细致的刻画，使文章十分生动。

　　第二，这篇小说源于生活。当年，契诃夫家的小杂货店里也有两个小学徒，而且也经常受他父亲的虐待。可以说，

契诃夫自小就非常熟悉学徒生活，也十分同情小学徒的不幸命运，因此，《凡卡》这篇小说写得真实感人，也使我们从中看到沙俄时代穷苦劳动人民的悲惨生活。

《景阳冈》中
为什么称"老虎"是"大虫"

众所周知，虎是百兽之王，为什么《景阳冈》中称老虎是"大虫"呢？对此，许多同学不太理解。

原来，古人用"虫"泛指一切动物，并把虫分为五类：禽为羽虫，兽为毛虫，龟为甲虫，鱼为鳞虫，人为倮虫。"大"有长（zhǎng）、为首的意思，如称兄弟中排行第一的为"大哥"；"大"又是敬词，如称"大人"、"大夫"、"大王"等。虎属毛虫类，而且是兽中之王。因此，称老虎为"大虫"还含有对它的敬意，丝毫没有小看的意思，更没有贬意。

写武松打虎为什么还要写武松喝酒

《景阳冈》一课写了武松在店里喝酒和冈上打虎这两件事，主要是为了表现武松赤手空拳打死猛虎的勇猛，可是，为什么作者要花那么多笔墨来写他喝酒呢？这是不是多余的？

《景阳冈》是根据我国著名古典小说《水浒传》第二十三回改写的。课文记叙了武松在阳谷县的一家酒店内开怀畅饮后，趁着酒兴上了景阳冈，而且写武松在店里不听劝阻喝了十八碗酒，似醉非醉，这样才能乘着酒兴上冈呀。如果不写他喝酒，也许打虎就没戏了。作者写"酒"与"肉"，是为了突出武松的"勇"和"力"，"喝酒"是为写"打虎"作铺垫的，也突出了武松大碗喝酒、大块吃肉的英雄本色，使人物的性格特征更加真实可信。

81

景阳冈在哪里

《景阳冈》一课主要写《水浒传》的好汉武松打虎的故事。那么，景阳冈到底在哪里？

它位于山东省聊城市阳谷县城东 16 公里张秋镇境内。传说这里是《水浒传》中描述的武松打虎处。这里沙丘起伏，莽草丛生，林荫蔽日，一派荒野景象，但有许多景观与武松打虎的故事"沾亲带故"，如："三碗不过冈酒店"、"武松打虎处"、"虎啸亭"、"武松庙"、"天下第一虎"石等，其中"武松打虎处"石碑为南宋时期所立。"武松庙"里塑有武松打虎造像。"天下第一虎"石：位于景阳冈南部，传说这块石头是武松打死的那只老虎的化身。景阳冈因武松打虎的故事广为流传，所以来景阳冈参观、旅游的学术界名人喜欢在这里题词、赋诗、作书、绘画，如刘海粟、李苦禅、杨萱庭、舒同等先后为景阳冈题诗作赋，成为新的人文景观。

武松打虎究竟是对还是错

学习了《景阳冈》一课以后，有的同学说，要保护老虎，武松不该打虎，而且这样的故事也不该再读了。这种观点究竟是对还是错？

关于打不打老虎，要根据时代来定。在古时候，人还不能主宰自然，老虎等猛兽常常伤人性命，为了自卫，人只能打老虎。现在，老虎已濒临灭绝，为了保护生态平衡，就应该保护老虎。更为重要的是，学习《景阳冈》一课，并不是为了学武松也去打虎，而是要学武松勇敢无畏的精神，因为这种精神任何时候都是需要的。学习这一课还有一个目的，那就是让我们多接触我国优秀的古典名著，学习古典文学名著中的语言艺术等。

你知道课文里"就"的含意吗

汉语是由一个个不准确字词组成的，在不同的语言环境里，它的内容就会产生奇妙的变化，像玩魔术一样，异彩纷呈。小学语文课本里"就"字出现的频率非常高，所表达的内涵也各不相同。

1．表示立即、立刻。如："只要你说得对，我们就改正。"（《为人民服务》）

2．表示肯定语气。如："张思德同志就是我们这个队伍中的一个同志。"（《为人民服务》）

3．表示原来。如："爷爷，这畜生就在这里，正睡觉呢。"（《唐打虎》）

4．表示迅速。如："他拔腿就跑，老虎已经从背后扑上来了。"（《唐打虎》）

83

5．表示单、只。如："现在就请告诉我……"（《登山》）

6．表示假设。如："就是坐飞机，也要飞二十几年。"（《太阳》）

7．表示全、都。如："城墙顶上每隔三百多米，就有一座方形的城台。"（《长城》）

8．表示自然。如："用不着回答，过几天，你们就会明白。"（《水晶宫的秘密》）

课文中的省略号有哪些作用

84

小学语文课本里的省略号虽然都表示文章中有省略的部分，但在不同的语言环境里有不同用处。

1．表示省略了序数。如："古老的钟嘶哑地敲了十下，十一下……始终不见丈夫回来。"（《穷人》）

2．表示话没有说完，或含有不便表达的语意。如："两个孩子都在她身边，睡着了。他们那么小……一个还不会说话，另一个刚会爬……"（《穷人》）

3．表示思考、犹豫等心理活动。如："这是闹着玩的吗？自己的五个孩子已经够他受的了……是他来啦？……不，还没来！……为什么把他们抱过来啊？……他会揍我的！那也活

该，我自作自受。……嗯，揍我一顿也好！"（《穷人》）

4．表示省略了重复的词语。如："妈妈，树林里的奏乐呢，噢咦！噢咦！……"（《小音乐家扬科》）

5．表示说话断断续续。如："快离开我，咱们两个人不能都牺牲！……要……要记住革命！……"（《草地夜行》）

当然，课本里省略号的用途和用法还不止这些，在学习和阅读时要认真地思考和领会，品悟它的妙处，更好地理解文章的意思。

课文里的顿号有哪几种用法

85

课文中的顿号，是表示句子最小的停顿，在我们小学语文课本里主要有三种用法：

1．表示词语之间的并列。如：动物园里有老虎、狗熊、狼、狐狸、猴子，好玩极了。

2．表示几个短语的并列。如：这些都是看着月光、听着琴声而产生的联想。

3．表示序次语的停顿。如：从这样的分析中可以看出：一、……；二、……；三、……

不过，我们在学习时还要注意，并不是所有并列成分都

要用顿号来隔开。另外，如果两个并列词语的词和词组之间已经用了"和"、"用"、"与"、"同"等连词，就不应该用顿号了。

色彩词在课文中有哪些妙用

　　画家用色彩描绘五颜六色的景观，作家则通过设色敷彩引发读者的想象，再现丰富多彩的生活。小学语文课本里就有许多处因色彩词的精妙熨帖，准确而形象地描绘了一幕幕引人入胜的艺术境界，给我们以深刻的美的享受。

　　1. 色彩与诗眼。"春风又绿江南岸，明月何时照我还？"这是王安石《泊船瓜洲》中的诗句，"绿"是一个普通的色彩词，但是经过诗人的巧妙安排，将它活用为动词"吹绿"，顿时一字千金，全诗生辉。诗人曾为此费了一番苦心，起初用"到"、"满"等，一共十三次易换，最后用上了"绿"，若镶金嵌玉，成为提挈全篇的"诗眼"。

　　2. 色彩与人物刻画。"我们在山下买登山的青竹杖，遇到一个挑山工，矮个子，脸儿黑生生的，眉毛很浓，大约四十来岁，敞开的白土布褂子中间露出鲜红的背心……"这是《挑山工》一课中的一段话，几个色彩词非常巧妙地刻画了人物的形象："黑生生"，写出了饱受风吹日晒的健美的肤色，

86

也暗示了挑山工烈日炎炎下的辛苦，使这位挑夫的形象给人印象深刻，经久难忘。

3. 色彩与人物内心活动。"她头往后仰着，冰冷发青的脸上显出死的宁静，一只苍白僵硬的手，像要抓住什么东西似的……"这是《穷人》中的句子，"脸色发青"说明西蒙死前曾作过痛苦的挣扎，"手的苍白"暗示了西蒙饱受人世的艰辛，生活凄苦。这些色彩词促发读者想象，从而深刻地揭示了人物悲哀的内心世界，控诉了沙皇社会的黑暗。

4. 色彩与文章主旨。色彩有丰富的意义，作家借此来暗示文章的中心或内容主旨。如《金色的鱼钩》是这样结尾的："在这个长满红锈的鱼钩上，闪烁着灿烂的金色的光芒。""红"、"金色"，这些色彩词热烈、耀眼，象征了老一辈革命战士的坚强不息的精神，与文章所歌颂的旨意正好吻合。两个普通的色彩包蕴了较大的想象空间，令人惊叹。

87

象声词有哪些妙用

象声词，就是表示声音的词。运用象声词可以使文章生动、形象，增强感染力和表现力，给人一种身临其境的美感。

1. 描写环境

"傍晚，青蛙呱呱地叫起来，啄木鸟笃笃地啄着树干，甲虫嗡嗡地叫……"这是《小音乐家扬科》中的语句，用"呱呱"、"笃笃"、"嗡嗡"等象声词描写出了傍晚河边的幽静，给我们展示了这片自然环境的静谧。

 2. 渲染气氛

"火苗呼呼地蔓延，烧得枯黄的茅草毕毕剥剥地响。"这是《我的战友邱少云》中描写火苗趁着风势乱蹿、茅草疯狂燃烧的情景，用"呼呼"、"毕毕剥剥"等象声词渲染了紧张的气氛，反衬了邱少云所处环境的险恶。

 88

 3. 抒发感情

"从我家门前络绎不绝地闪过，桶儿，筲儿发出的吱悠吱悠叮儿当儿的响声，像一支支快乐的乡间小曲，不时传进我的耳朵。"这是《古井》里的句子，通过"吱悠吱悠"、"叮儿当儿的"等象声词抒发了乡亲们挑水时轻松愉快的心情，生动贴切，让人有一种身临其境的感觉。

 4. 刻画神态

"扁鼻子军官气得暴躁起来，嗷嗷地叫：'枪毙！枪毙！拉出去，拉出去！'……"这是《小英雄雨来》中的一段话，象声词"嗷嗷"把日本鬼子的凶恶残暴的形象写得通俗、逼真，也巧妙地衬托了雨来的坚强。

5. 揭示内心

"铁人睁大了眼睛，'哦……咳！'"这是《忆铁人》中的一句话。铁人听了干部的讲述，知道了事情的原委。一个"哦"字，揭示了铁人幡然醒悟的内心世界，一个"咳"字把铁人后悔不已的心情和盘托出，通过两个象声词既揭示了铁人的内心活动，又成功地塑造了铁人的高大形象。

怎样积累词语

89

小读者在写作文时常常会感觉无话可写，无词可用，这是词语积累太少造成的。那么，怎么样积累词语呢？

1. 从课本里积累词语

对课文中优美的词语，要在理解词意的基础上加强记忆，并摘录在笔记本上，便于随时翻阅，渐渐熟悉并做到能灵活运用。

2. 从报刊上积累词语

开卷有益。经常到阅览室、网络上等处阅读一些课外书、

报刊，对自己喜欢的语句多读几遍，琢磨它的用法和词义，日积月累，脑子里的词语就会渐渐多起来。

 3. 从日常口语交流中积累

语言是交际工具，而且要学会在与他人的交流中积累词语，包括与父母、亲戚、朋友、同学、老师等日常交流中，他们往往会不时地说出一些生动、鲜活的词语，值得你记忆。

"聚沙成塔，集腋成裘"。学会在学习和生活中做个有心人，不断地积累词语，并把词语按照描写人物、景物、动物、植物、事物等分门别类地整理在笔记本上，经常学习，熟能生巧，一定会提高自己拥有的词语量和写作水平，不至于写作时陷入无词可用的尴尬境地。

90

怎样修改综合性病句

小学课本里有多处安排了修改综合性病句的作业。那么，应该怎样做才更科学、更有效呢？

1. 修改错字。

2. 修改词语搭配上的错误。

3. 修改病句或句子在排序上的错误。

4．修改段落先后排列上的错误。

5．修改用错的标点符号。

如果能按照上述步骤修改病句，一步一步地进行，就能较好地培养我们思维的逻辑性和条理性以及良好的修改病句的习惯。

这里有你需要
了解的篇章

怎样理解《海上日出》的主题思想

　　理解文章的主题不是读者随心所欲所能完成的，一定要注重对原作本意的研究。学习《海上日出》一课以后，许多小读者，或者老师，甚至有些学习参考资料中，都对这篇文章的主题弄不明白，有的说，这是作者巴金当年托物言志，借日出来暗喻旧中国的黑暗；有的说表达了作者对祖国黎明的向往；还有的认为是歌颂了祖国的大好河山……

　　对此，巴金曾发表文章专门谈自己的写作感受："有人说，我这篇文章写的是祖国的河山，表现了爱国主义的思想。我当时远离祖国，写的是外国河山，不是中国的河山。我当时是个普通的青年，思想单纯，想得不会多。但新的一定能战胜旧的，光明必能代替黑暗，这个信仰贯串着我一生和我后来的全部作品。《海上日出》当然也有向往光明，奋发向上这个意思，但并不是表现爱国主义的。"

　　阅读了巴金先生的这段话，对《海上日出》一课的主题思想的理解就会了然于心。

93

《元日》中写了哪些民俗

　　《元日》是宋代诗人王安石所写，描写的是农历正月初一时人们喜迎新春佳节的情景。诗歌中"燃放鞭炮"、"饮屠苏酒"和"换桃符"等都是民间风俗。不过，"换桃符"现在已经改成了贴春联。古代，不论是燃放鞭炮，还是喝屠苏酒，或者把旧桃符换成新桃符，在民间都有避瘟疫、压邪等用意。古代民间认为，鞭炮声响巨大，能把鬼怪吓跑。屠苏酒是用屠苏草浸泡而成，据说喝此酒可以避瘟疫。"桃符"是人们用桃木板写上"神荼"、"郁垒"两位神灵的名字，悬挂在门旁，用来压邪。当然，这些都是封建迷信思想，不过，作为一种民俗还应该允许它的存在。

94

《梅花》中写了梅花的什么特点

　　《梅花》是北宋诗人王安石写下的一首五言律诗，赞美了梅花不畏严寒的精神。那么，诗中写了梅花哪些特点呢？

　　在这首20字的诗里，王安石写出了梅花的不怕冷、白、香这三个特点。"凌寒独自开"写出了梅花开放的季节：寒冷的冬天。"遥知不是雪"，写出了梅花的颜色：洁白如雪。"为有暗香来"，写了梅花香味的特点：暗香，清香徐来，不是那种"花香袭人"的浓烈。

《示儿》是陆游的"遗嘱"吗

陆游是南宋时期伟大的爱国诗人，一生创作的诗歌很多，保存下来的有九千多首，内容极为丰富。他的诗抒发政治抱负，反映人民疾苦，表现出渴望国家统一的强烈愿望。那么，《示儿》这首诗是不是他的"遗嘱"呢？

陆游生于 1125 年，在两三岁时，北宋灭亡了。南宋王朝偏安一隅，而广大中原地区沦落在金人的统治下。陆游少年时代就萌发了爱国思想，成年后也曾入伍抗金，前后长达九年。可是，由于南宋的腐败，陆游多次被罢官，但他的爱国热情始终不减，随着生命的烛焰越来越弱，其情却越来越强！

据考证，《示儿》是陆游的绝笔，写作此诗是宋宁宗赵扩嘉定二年（公元 1210 年）十二月二十九日，陆游已经八十五岁高龄，卧病在床，处于生命弥留之际，但并不是他的"遗嘱"，诗中作者以遗嘱的口吻来表达对南宋统治者屈辱求和、苟且偷安的无比愤慨，对收复失地、洗雪国耻、统一祖国的无比渴望，也有报国无门的忧愤之情。以这种"口吻"来写，有"鸟之将死，其鸣也哀；人之将死，其言也善"的艺术效果，令人悲怆动容，扼腕叹息！

因此，《示儿》这首诗堪称陆游诗中掷地有声的压卷之作，也难怪诗评家指出这首诗是"忠愤之气，落落二十八字间"。

怎样看待"悯农诗人"吃鸡舌

《悯农二首》是我们小学语文课本里必选的篇目，因为这两首诗凝聚了诗人对社会不公的无限的愤懑和对农人们辛勤劳作的真挚的同情，千百年来也赢得了人们对诗人的爱戴和敬仰。可是，有媒体曾披露"悯农诗人"吃鸡舌一事，让读者十分震惊，甚至遗憾。那么，怎样来阅读和看待李绅和他的"悯农"诗呢？

按常理，诗人李绅的生活肯定是非常俭朴。可是，史书中记载：李绅写出《悯农二首》这样好诗的二十年后，被唐武宗任命为宰相。为官后，他"渐次豪奢"，一餐的耗费多达几百贯，甚至上千贯，并且他特别喜欢吃鸡舌，每餐一盘，耗费活鸡三百多只，院后宰杀的鸡骨堆积如山。与李绅同一时代的韩愈、贾岛、刘禹锡、李贺等人都曾对这种奢侈之风嗤之以鼻。

今天，我们在学习这首诗歌时，要剔除诗人的精神糟粕，吸取李绅从一个同情怜悯农民、为农民的悲惨命运鼓与呼的代言人堕落到追求豪奢生活的污吏的教训，做一个表里如一、永远爱民亲民的人。

龚自珍是怎样写成《杂诗》的

97

龚自珍（1792—1841）号定庵，出生于浙江杭州。是清朝诗人、杰出的思想家、文学家，三十八岁那年考中了进士，从此步入政坛，一直担任没有实权的中下级京官长达二十年。他认为研究学问要对治理国家有用处，不做空头学问，应时刻关注国家和民族的命运。

龚自珍遗留给我们的有三百多篇文章和近八百首诗歌，不论是思想内容，还是艺术形式，都对后世产生了较大的影响。不同的小学教材中都以不同的视角入选了他的《己亥杂诗》。"己亥"是清道光十九年，即1839年，正是第一次鸦

片战争爆发的前夜。有的课本里选了《杂诗》中"九州生气恃风雷，万马齐暗究可哀。我劝天公重抖擞，不拘一格降人才。"作者写这首诗的时候，是 1839 年 7 月的一天下午，他坐着装满藏书的大车路过江苏镇江南郊长江边上的一座古庙前，看到这里久旱无雨，人们正在举行迎神会，人山人海，水泄不通。主持迎神会的老道长，听说这位远方来客是文学大师，连忙走过来，希望他能写篇祭神的文章。龚自珍沉吟片刻，想到自己因多次上书而遭遇迫害，百姓生活如此贫困，一时热血沸腾，挥毫写下了这首千古名诗。根据他的政治思想，希望有"风雷"带来政治改革，希望"天公"能不拘一格降人才，打破清王朝"万马齐暗"的局面，反映了他作为晚清资产阶级改良主义运动先驱人物的精神风貌。有的课本在阅读材料中选了他的《己亥杂诗》的"浩荡离愁白日斜，吟鞭东指即天涯。落红不是无情物，化作春泥更护花。"意思是说，花虽然败落了，化作春泥了，还要为后来的花提供养料。读后让我们从中感受到诗人为国家、为人民无私奉献的精神情操。可见，《己亥杂诗》都是有感而发，没有无病呻吟之声，也没有风花雪月之作，处处与现实对接，让自己的诗文始终与国家和民族的命运同呼吸、共命运。

历史上真有王冕这个人吗

我们小学课本里的《学画》介绍的就是王冕勤奋学画的故事，而《墨梅》是一首题画诗，是诗人为自己所画的墨梅题写的，全诗表现了诗人不与世俗同流合污的坚贞纯洁品格，作者也是王冕。那么，历史上是否真有王冕这个人呢？

《学画》是一则流传很广的故事，在小说《儒林外史》中也能找到它。也许这个故事是小说家虚构的，但历史上王冕这个人是真实的，包括那首题画诗《墨梅》，不仅诗是他所作，画也是出自他的笔下。

王冕（1287—1359）出生在诸暨，属于现在的浙江省人。他的远祖也做过官，但是到了他父亲这一辈，家境就衰落了。幼年时，王冕家已经是没有一寸耕田，更不要说一头耕地的牛了。为了求学，他不得不去给人放牛。白天，王冕把牛赶到草地上吃草，自己悄悄地跑到村里的私塾偷听老师的讲学，晚上又独自跑到寺庙里借菩萨面前点的油灯来自学。虽然他勤奋好学的精神曾感动了一位权贵，收留他为门徒，遗憾的是，他多次应试都落第了。于是，王冕带着满腹的惆怅、忧虑和愤慨，烧掉了自己应试的文章……

从此，王冕开始了游历祖国名山大川之旅，并且下苦功专攻诗画。后来，他回到故乡，住在九里山的南村，一边种

99

田，一边读书、写诗和绘画，而且专门练习画梅花，借梅花的傲骨来抒发对统治者的不满，流露了一些反抗意识。

王冕的隐居生活虽然清贫，但是心无他求，能把主要的精力都放在诗画上，用今天的话来说，虽然是一个"草根"出身的人，但最终成了中国历史上一位著名的画家和诗人。

《争画》中人物
称谓变化说明了什么

100

《争画》这篇课文重点描写了毛泽东、郭沫若、齐百石三位伟大人物争画的过程，展示了领袖和名人独特的个性。细心的读者还会发现，课文中三位的互相称谓十分耐人寻味。那么，称谓的变化说明了什么呢？

在课文里，三位在对话时用的称谓是既有相同，又有不同：齐白石称毛泽东"您"，郭沫若称毛泽东"您"，毛泽东称郭沫若"您"（在争画的过程中，有时也称"你"），他们虽然在争画，但是并不失态，一个"您"字，让互相尊重、敬慕之情跃然纸上；课文中，郭沫若称齐白石为"齐老"，毛泽东称齐白石为"白老"，表明郭沫若和毛泽东对著名画家齐百石是十分敬重，而且关系非常亲密，而在争画中毛泽东有时称郭沫若为"你"，说明他们之间的关系更为熟悉。通过人物之间称谓的不同变化，反映了他们之间的相互尊重和关爱的优秀品质。

你了解《争画》中的主人公吗

《争画》这篇课文涉及到的重点人物是毛泽东、郭沫若和齐百石，这三位都称得上是伟大人物。他们共同的特点是：互敬互重，才思敏捷，酷爱艺术，有深厚的文化底蕴。

毛泽东睿智，风趣幽默。如，"'且慢！'毛泽东大手一挥，扯着画轴的另一边，也微微一笑，说：'诗人不要夺人所爱……'"毛泽东这句话把自己风趣、幽默的个性张显无遗。毛泽东(1893—1976)是我们中华人民共和国的缔造者之一，也是一位在书法、诗歌等领域颇有造诣、独有建树的艺术家，主要著作有《毛泽东选集》。

郭沫若灵活机智，善于应对。当齐白石说要"下手抢"时，郭沫若立即"用身子挡住画轴"，并且以"这幅墨宝是送给我郭沫若的"为借口，避免了这位执著的画家同毛泽东之间可能产生的尴尬局面。郭沫若(1892—1978)是我国现代著名学者、文学家、历史学家、社会活动家，1928年，因被国

101

民党政府通缉，逃往日本。在 10 年流亡生活中，他埋头研究中国古代历史，著有《中国古代社会研究》、《甲骨文字研究》等。他的代表作有《女神》、《屈原》、《蔡文姬》等。

齐白石执著和童真。如，"白石老人有些着急了，他一甩长须，站起身来，说：'主席，您要是再不应允，我可要下手抢了！'"一位执著、童真的艺术家形象跃然纸上，丝毫没有学者的矜持，却充满了可爱的书卷气。齐白石 (1864—1957) 是一位饮誉全球的杰出艺术家，其画、印、诗、书并绝，艺术博大精深，风格独树一帜，画虾是他的拿手好戏，就像徐悲鸿画马一样出名。

通过学习《争画》一课，我们会更加深刻地了解这三位名人高尚的道德修养、深厚的文化底蕴、敏捷的才思和鲜明的个性。

《我爱故乡的杨梅》是谁写的

《我爱故乡的杨梅》这篇课文描述了故乡杨梅树的美丽和杨梅果的可爱，表达了作者热爱故乡的思想感情。这篇文章非常短小，写得也通俗易懂，有点像小学生的作文呢。其实，它的作者是现代著名作家、文学翻译家王鲁彦 (1901—

1944)。

王鲁彦，笔名鲁彦，是浙江省宁波市人。因家贫，他高小未毕业即辍学。16岁到上海当学徒，后来到北京加入蔡元培、李大钊等创办的工读互助团，并在北京大学旁听。受"五四"新文化运动的影响，他慢慢走上了文学道路，加入了文学研究会和世界语学会。抗战爆发后，他携家离沪内迁抵达长沙、武汉。他以焦灼、苦闷的心情先后写了一些批评社会现实的作品，反映了中国农民的悲惨命运。他的代表作有长篇小说《春节》（一至七章），中篇小说《胡蒲妙计收伪军》，短篇小说《我们的喇叭》、《杨连副》、《千家村》、《炮火下的孩子》、《陈老奶》，散文随笔《火的记忆》、《新的枝叶》等。1944年，因积劳成疾，不幸逝世。有的小学语文教材还选了王鲁彦的《钓鱼》。

103

罗贯中是一个怎样的人

我们小学语文课本里所选的《草船借箭》和《火烧赤壁》这两篇文章，是根据罗贯中（约1330—约1400）的《三国演义》改编而成的。那么，罗贯中是一个怎样的人？他是怎样写出这部世界名著的？

　　罗贯中是元末明初著名小说家、戏曲家，也是中国章回小说的鼻祖。他一生创作了许多小说、剧本等，《三国演义》是他的代表作。《三国演义》共有 120 回，约 75 万字，描写了东汉灵帝（公元 169 年）至西晋武帝太康元年（公元 280 年）110 余年的历史故事，罗贯中是在一些传说、话本和戏曲的基础上创作完成这部鸿篇巨制的。《三国演义》成书后，又经后人多次增删、整理，现在最流行的，是清朝康熙年间毛宗岗修改的本子。

　　《三国演义》是一部内容丰富、场面宏伟、思想深刻的章回体小说。它为后人提供了不少战争经验和各种军事科学知识，对官渡之战、赤壁之战等经典战争写得绘声绘色，引人入胜，成了一些农民起义将领学习军事的教科书。它塑造了一大批鲜明生动、栩栩如生的人物，成为中国文学长廊中的不朽形象，特别是诸葛亮的形象最为深入人心，成了人们心目中智慧的象征。可以说，这部巨著涉及到政治、外交、思想、道德等多方面的内容，能让读者从不同的角度来受益。因此，建议同学们利用课余时间阅读一下《三国演义》，真正地认识、欣赏一下那段色彩斑斓的历史，对更好地学习《草船借箭》、《火烧赤壁》等文章一定会大有裨益。

为什么"遍身罗绮者，不是养蚕人"

宋代诗人张俞的作品留给后人的并不多，但是这首《蚕妇》使他在我国古典诗歌的大舞台上占据了一席之地。《蚕妇》也被选进了我们小学课本里，整篇诗就好像是在讲故事：妇人昨天进城里去卖丝，回来的时候却是伤心流泪。因为她看到，城里身穿丝绸服装的人，都是有权有势的富人，养一辈子蚕的人却没有能力穿上"罗绮"的……这是为什么呢？

一方面，当时的封建朝廷，在自己浪费无度的同时，又对外敌妥协，更加重了百姓的负担，人民生活痛苦难言，哪能穿上绸缎呢？另一方面，说明我国的丝绸纺织业并不发达。据研究，在新石器时代的晚期，也就是传说中的黄帝时期，我国劳动人民开始有了养蚕、缫丝、织绸的生产。传说黄帝的元妃嫘祖率领民众养蚕缫丝织绸，才发明了丝绸。虽然最早的丝织品距今已有七千多年，但由于其产量有限，生产过程繁琐，不要说宋朝，就是到了科技高度发达的当代，它的成本也无法与合成纤维抗衡，只好渐渐退出了纺织业舞台。

不过，由于蚕丝纤维对人体的安全无毒和舒适性，永远令人类爱不释手。在今天，穿贴身的丝绸内衣，虽然价格昂贵，却成了时尚。

罗斯福下令捕杀狼错在哪里

《鹿和狼的故事》这篇课文以罗斯福为保护鹿而下灭狼令，最终导致生态失衡这一灾难性后果，告诫人们要尊重生物界的客观规律，不能盲目决策。那么，罗斯福下令捕杀狼这一决策到底错在哪里？

我们可以从两个方面来认识和分析罗斯福决策失误的原因：第一，为了保护鹿而消灭狼，虽然是好心，但办了坏事。因为狼是吃鹿的，"可以将森林中鹿的总数控制在一个合理的程度，森林也就不会被鹿群糟蹋得面目全非"；狼灭了，鹿无限度繁殖，"一旦数量超过森林可以承载的限度，就会摧毁森林生态系统的稳定，给森林带来巨大的生态灾难"。这是罗斯福所想不到的。第二，罗斯福制定这项政策依据的是"习惯的看法和童话的原则"，停留在"人类自身的片面认识"上，一厢情愿，没有认识事物的两面性，不了解动物之间奇妙的食物链，斩断了食物链的一端，必然影响或刺激食物链向另一端无限发展，不符合客观规律，因为"森林中既需要鹿，也需要狼。人们必须尊重动物乃至整个生物界中的这种相互关系。"这也是全篇课文的要旨所在。

《落花生》的故事是虚构的吗

《落花生》一课着重讲了一家人过花生收获节的经过，说明人要做有用的人，不要做只讲体面而对别人没有好处的人，把花生的品格与做人联系起来，是文章的精髓。那么，这篇课文是虚构，还是实有？

本课作者是许地山（1893—1941），笔名落华生，出生在台湾一个爱国志士的家庭。他的父亲叫许南英，曾经是清朝政府驻台湾筹防局统领。中日"甲午战争"爆发后，许南英率部奋起抗击侵略军，但由于清政府的腐败，终因寡不敌众，台湾遭致陷落，并沦为日本殖民地。许南英出于爱国之心，毅然抛弃全部家产，携带家眷在福建龙溪定居，过着清贫的生活。许地山年幼的时候，他的父亲曾以"落花生"作比，要求子女为人做事要脚踏实地，不求虚荣，给许地山留下了深刻印象。长大后，许地山感恩父亲的教育，不仅写了《落花生》一文追忆父亲的教诲，而且以"落华生"为笔名勉励自己。可见，《落花生》是一篇纪实性很强的优秀散文作品。

《琥珀》是什么体裁的文章

有的老师或同学认为，《琥珀》是一篇说明文。主要理由是这篇课文以琥珀这种矿物名称为题，介绍了它形成的自然常识。其实，这种观点是不正确的。

《琥珀》不是以介绍科学知识为主，而是根据这颗特殊的琥珀，推测并编写了发生在一万年前的故事。这个故事被作者写得栩栩如生，具有很强的感染性，应该说，它既不是一篇童话，也不是普通的说明文，而是一篇科学故事，可以归入散文类。

因此，学习这篇课文时，不能把琥珀形成的科学知识作为学习的重点，而是要理清文章的思路，抓住课文的主要内容，通过朗读来再现这个故事的生动画面，培养我们的形象思维能力和想象力，学习作者巧妙的构思水平和高超的写作技巧。

108

《月光曲》写的是真人真事吗

《月光曲》一课着重写贝多芬谱写《月光曲》的经过，反映了他思想感情的变化，也是培养小读者联想、想象能力的好课文。可是，贝多芬是怎么写出《月光曲》的，是真人真事吗？

《月光曲》原名《升 C 小调钢琴奏鸣曲》，又名《幻想奏鸣曲》、《幻想朔拿大》，创作于 1801 年。这部作品有三个乐章：第一乐章里融入了作者对耳聋疾患的叹息和忧郁的思绪；第二乐章表现对甜蜜美梦的回忆，以及美好未来的憧憬；第三乐章是激动的急板，是作品中最美丽的高潮部分。而令人想起月光的便是第一乐章。当时，德国诗人路德维希·莱尔斯塔勃听了这首钢琴曲以后，称自己"想起了瑞士的琉森湖，以及湖面上水波荡漾的皎洁月光"。出版商根据诗人这段话，加上了《月光曲》的标题，并编撰了一个感人的故事："一天晚上，贝多芬在维也纳郊外散步，忽然听到琴声，而且是他的作品。他寻声走到一幢旧房窗前，发现是一位盲姑娘在演奏。他进屋后才知道她非常喜欢贝多芬的音乐。作曲家非常感动，在月色辉映下，他写下了这首月光曲……"。从此，这个纯属虚构的故事，以及关于作曲家在月光下即兴演奏的种种传说便流行起来。

109

其实，触动贝多芬创作灵感的，不是皎洁如水的月光，而是贝多芬与朱丽叶塔·圭查蒂（1784—1856）相恋失败后的伤痛！

朱丽叶塔·圭查蒂是伯爵的女儿，比贝多芬小 14 岁，两人真诚相爱，因门第的鸿沟，不得不分手。贝多芬在遭受这一沉重打击之后，把由封建等级制度造成的内心痛苦和强烈

悲愤全部倾泻在这首感情激切、炽热的钢琴曲中，声音是忧郁的，情丝是惆怅的……，这里交织着耳聋疾患日渐严重的忧虑和失恋的创痛，也有贝多芬对恋人的追思和对美好爱情的向往。

盲姑娘家里怎么会有钢琴

学习《月光曲》以后，不少同学都会问这样一个问题：既然贝多芬十分同情盲姑娘，而且她家里很穷，可是为什么课本会出现盲姑娘家中有钢琴的描写呢？

原来，《月光曲》具有浓厚的地方生活色彩，贝多芬的家乡是闻名世界的"音乐之乡"，普通人家都会有架钢琴的。更为重要的是，我们课文中写盲姑娘家中是"一架旧钢琴"，一个"旧"字，说明盲姑娘家中还是非常贫穷的。

110

"卖火柴的小女孩"原型是谁

小学课本里的《卖火柴的小女孩》是丹麦著名童话作家

安徒生（1805—1875）的名作。那么，他是怎样写出这篇作品的？

安徒生出生在丹麦欧登塞城一个贫苦的鞋匠家庭，早年在慈善学校读过书，当过学徒工。受父亲和民间口头文学影响，他自幼酷爱文学。11岁时父亲病逝，母亲改嫁，安徒生的生活也是艰辛备尝。1835年，"为了争取未来的一代"，安徒生决定给孩子写童话。1848年，安徒生到国外旅游，来到一个叫格拉司丁堡的地方。这时，一位朋友寄给安徒生一封信，信里有三幅画，要求安徒生写一篇童话，以配其中的一幅画。这三幅图画中有一幅画着一位穷苦的小女孩，金黄的头发打成卷儿披在肩上，一副瘦削的脸庞，手中拿着一束火柴。安徒生非常凄凉地一边看，一边想，两眼渐渐湿润起来，他想起了自己不幸的童年，想起了母亲那些辛酸的遭遇。他的母亲曾经以讨饭为生，有一次，她没有讨到一点东西，当她在一座桥底下坐下来的时候，感到饿极了。她把手指伸到水里，沾了几滴水滴到了舌头上，因为她相信，这多少可以止住或减少饥饿。最后，她终于睡过去了，一直睡到下午……于是，安徒生以自己母亲为原型，饱含深情地挥笔写下了《卖火柴的小女孩》。

火柴为什么能在墙上擦燃

《卖火柴的小女孩》一课中的火柴，为什么能在墙上一擦就燃烧起来呢？安徒生这篇童话写于 1845 年，那时的科学技术还比较落后，因此火柴是一根一根卖的。当时的火柴是用黄磷和硫磺做成火柴头，因为黄磷的燃点很低，温度达到 60 度就能起火，所以这种火柴只要在表面粗糙的地方摩擦就能燃烧。

现在，我们用火柴头同火柴盒上涂着的红磷摩擦才能燃烧，比早年的火柴安全得多。早年的火柴已经不再使用。让我们再来看火柴上的其他秘密。火柴头上现在主要含有氯酸钾、二氧化锰、硫磺和玻璃粉等。火柴杆上涂有少量的石蜡。火柴盒两边的摩擦层是由红磷和玻璃粉调和而成的。当火柴头在火柴盒上划动时，产生的热量使磷燃烧，而磷燃烧放出的热量使氯酸钾分解，氯酸钾分解放出的氧气与硫又发生了化学反应，硫与氧气反应放出的热量引燃石蜡，最终使火柴杆着火燃烧起来，起到了点火的作用。

"圣诞节"和"圣诞树"

《卖火柴的小女孩》一课里写小女孩第三次擦燃火柴时，她"坐在美丽的圣诞树下。这棵圣诞树，比她去年圣诞节透过富商家的玻璃门看到还要大，还要美"。那么，哪一天是"圣诞节"，"圣诞树"又是什么树？

"圣诞节"是洋节，不过，现在很多追逐时尚的中国青年人也喜欢过圣诞节了。当然，基督徒是必过圣诞节的，不论中外，只要他信奉基督教就会过圣诞节的。这一天是每年的十二月二十五日。传说，这是耶稣诞生的日子。按照西方基督徒的习惯，每年的这个节日都是很隆重的。他们要在十二月二十四日，即圣诞夜和亲朋好友欢聚一起饮酒、歌舞，家长还要为孩子买些玩具和新衣服。

要认识"圣诞树"先让我们了解关于它的传说。在遥远的古代，有一个农民在圣诞夜热情地接待了一个极其贫苦的儿童。这个儿童深受感动，在临别时折了许多杉树的树枝插在地上，这些树枝立即变成了绿树。这个儿童还感激地对农民说："年年这天，礼物满树，留此美丽的杉树，答谢你的好意。"说完，这个孩子就神秘地远走高飞，不知所终了。从此，人们习惯把杉树或松柏之类的塔形的常绿树装饰成圣诞树，树上挂着各种彩花和礼物，作为庆祝耶稣圣诞日的一种装饰品。

113

《卖火柴的小女孩》揭露的是什么社会

学习了《卖火柴的小女孩》一课以后，有的同学，甚至有的参考资料也认为，这篇童话揭露的是罪恶的资本主义社会。其实，这种观点是不正确的。

安徒生这篇童话发表于1884年，当时的丹麦正处于封建专制制度的统治下，丹麦的封建贵族、大地主与农民、广大群众存在着尖锐的矛盾。作者目击黑暗社会的种种丑恶现象，通过对卖火柴的小女孩的不幸遭遇的描写，控诉了当时丹麦社会不合理的贫富悬殊的现实，揭露了当时丹麦黑暗的封建专制制度。因此，阅读《卖火柴的小女孩》不能笼统地认为作者揭露的是资本主义社会，那就违背历史真实了。

列宾是怎样创作《伏尔加河上的纤夫》的

小学课本里有一篇插图配文字的课文《伏尔加河上的纤

夫》，那幅画是伊里亚·叶菲莫维奇·列宾的代表作，也是他的成名作。这幅油画中共有 11 个纤夫，分为三组，每个形象都来自于写生，他们的年龄、性格、经历、体力、精神气质等各不相同，那是列宾心头一段挥不去的痛苦记忆，是他亲眼所见的苦役般的劳动景象……

1869 年，列宾还是一个学习美术的学生，有一次他去涅瓦河野游，看到了一幕使他格外吃惊的景象：远处一些黑黑的、闪着油光的东西在向前爬动，慢慢地，渐渐地，他终于发现，那是一群套着绳索在拉平底货船的纤夫。这些纤夫蓬首垢面，衣衫褴褛，表情或痛苦或忧郁，精神萎靡，形容憔悴……从此，列宾就想创作一幅表现纤夫苦役般劳动景象的作品，以反映下层劳动人民的痛苦生活，揭示社会的不平。

第二年夏天，列宾与同班同学华西里耶夫（他后来也画过有关纤夫的画）再次去伏尔加河旅行写生。列宾和纤夫们交朋友，对纤夫生活作了长时间的观察。那些打着赤脚的纤夫形象和疲惫不堪的身影又一次烙在了他的记忆里。

回来后，列宾把构思三年、两次伏尔加河之行所见到的纤夫形象，以及他们的精神世界以油画的形式再现出来了：这群纤夫的队伍在酷烈的阳光下，踏着荒芜的沙滩，穿着破烂衣衫，拉着货船，唱着低沉的号子，步履沉重地向前挪行……终于，《伏尔加河上的纤夫》成了享誉世界的佳作，它所描绘的焦黄的河岸、空蒙的天空、一缕蓝色的河水，以及纤夫们沉重的脚步、挣扎的姿态，影响了许多美术人的创作。

115

《小抄写员》的作者是谁

《小抄写员》的作者是意大利的作家艾德蒙多·亚米契斯（1846—1908），他最为出名的作品是《爱的教育》。

德蒙多·亚米契斯出生在意大利里古拉州的一个小镇奥奈格里亚，毕业于一所军事学校，还曾参加过统一意大利的爱国战争，并在行军打仗中开始创作。1868 年，他出版了以这次战争为题材的第一部短篇小说《战地生活》。1870 年，亚米契斯退伍从事教育事业，这是他人生最为重要的转折点，正是在这期间创作了许多反映教育的作品，像《一个教师的故事》、《学校与家庭之间》等。1886 年，亚米契斯出版了《爱的教育》（又译作《心》），这部作品以一个小学生的名义，通过日记体的形式，讲述了很多故事，他将"爱的教育"融进这些故事，用以培养年轻一代的思想情操。它是一部思想性和艺术性都很强的作品，已被翻译成几十种文字，在世界各国出版发行。这部作品让亚米契斯一举成名，为自己赢得了世界性声誉，

《小抄写员》正是根据《爱的教育》中的《佛罗伦萨的少年抄写者》改写的。

116

小金花唱的《捣米谣》是什么

　　《再见了，亲人》一课中，当小金花得知自己的妈妈不幸牺牲时，有人要她唱一支《捣米谣》。那么，这支歌曲到底是什么意思呢？

　　《捣米谣》是朝鲜歌曲，歌词大意是："春来不久，花开又要离去。你为何这样匆忙？请你稍稍留步，好相亲相爱。可爱的蝴蝶，和我一起上青山，徐徐走过白石岗，到春香的门前。春香的旧宅，里间已经坍塌，外间也斜到一旁。烈女的题字不见踪影，只有'忠烈'二字还隐约可见。"歌词中的春香是朝鲜古代名著《春香传》的主人公。她非常美丽善良，擅长书画。她和官宦子弟梦龙相爱，但梦龙的父亲嫌她出身贫寒，不同意他们结合。一个官员想要强娶春香为小老婆，春香不从而被监禁在牢房里。后来，梦龙功成名就，不遗余力地救出了春香，有情人终成眷属。

　　让小金花唱《捣米谣》就是希望她能像春香那样，做一个意志坚强的人，继承妈妈的遗志，为消灭入侵者贡献自己的力量。

117

《再见了，亲人》是用第几人称写的

　　《再见了，亲人》这篇课文中多次使用了"您"、"你"、"你们"等第二人称，因此有人说它是用第二人称写的。其实，这种观点或看法不妥。

　　记叙文使用的人称，只有第一人称和第三人称这两种。这篇课文中大量地使用第二人称词语，说明作者是站在第一人称"我"的角度来说话的，代表的还是志愿军战士的声音，仿佛是志愿军战士与朝鲜亲人面对面的话别，读来十分亲切，正是它不同于一般的以第一人称写的文章，成了它鲜明而富有感染力的特色所在。

118

《再见了，亲人》的时代背景是什么

　　《再见了，亲人》表现了中朝人民比山还高、比海还深的战斗友谊，那么，这种友谊产生的时代背景是什么？

　　1950 年 6 月 25 日，美帝国主义唆使南朝鲜李承晚集团进攻朝鲜民主主义共和国。7 月 7 日，又纠集十五个国家的军队，打着"联合国军"的旗号大举入侵朝鲜，并不断地轰炸我国的丹东等中朝边界地区，把无情的战火一步一步地引向了我国边境。在多次警告无效、忍无可忍的情况下，10月25日，中国人民志愿军开赴朝鲜，与朝鲜人民共同抗击美国侵略者。入朝参战后，中朝两国人民并肩战斗，同生死、共患难，终于挫败了美帝的侵略阴谋，迫使美帝国主义于1953年7月27日在朝鲜停战协定上签字。

至此，抗美援朝终于取得了伟大的胜利，中国人民志愿军也随之分批撤离朝鲜国土。《再见了，亲人》就写于抗美援朝胜利后志愿军凯旋时同朝鲜人民依依惜别的情景。知道了课文发生的时代背景，对于我们读懂课文，理解课文所表达的思想感情十分有益。

郑振铎为什么要告别中国

郑振铎（1898—1958）是我国现代杰出的爱国主义者和社会活动家，又是著名作家，是《别了，我爱的中国》的作者。这篇课文选自他的《离别》。《离别》一文共分三个部分，《别了，我爱的中国》是其中的第一部分，选入教材时又作了适当的修改。这是一篇脍炙人口的美文，无数小读者被郑振

铎先生对祖国真挚、炽热的感情所激荡、感染，还会不解地问：他为什么要告别祖国呀？原来，这是一段伤心之旅！

让我们先来看看郑振铎的人生历程。他祖籍是福建省的长乐县，出生在浙江省永嘉县（今温州市）。1917年夏，他靠亲友的帮助来到北京铁路管理学校求学，利用课余时间读了不少西方社会学著作和俄国批判现实主义文学作品，思想上、文学上都受到启蒙教育。1919年12月，他在《新中国》月刊发表了自己翻译的列宁的《俄罗斯之政党》，后来还和耿济之共同翻译了《国际歌》歌词，这为他的思想染上"红色"烙印打下了底色。1927年2月，郑振铎与叶绍钧、胡愈之等人发起成立"上海著作人公会"，公会积极参加了上海工人第三次武装起义前后的革命活动。"四·一二"政变后，蒋介石进行大屠杀，国内一片恐怖。据1980年《战地》第六期《圣陶先生印象记》（吕剑）一文介绍，当时在上海有成百上千的工人和青年被机关枪扫射，商务印书馆的编辑，包括郑振铎在内激于义愤，和胡愈之等联名给国民党的几位元老蔡元培等写信，希望他们能够站出来说话。实际上，他们也无能为力，反而使事态发展得更加严重。签名者不得不到外地去避避风头。郑振铎只好去欧洲"深造"了。也就是这年的5月，郑振铎乘船到欧洲避难和游学。这是作者吕剑对叶老的一段访谈，对我们了解这篇课文的时代背景和作者出国的思想感情会很有帮助。

为什么说"我"是"罪人"

《别了，我爱的中国》是用第一人称"我"来写的，而且这个第一人称就是作者郑振铎先生本人。那么，在这篇课文里作者为什么严厉地自责自己是"罪人"呢?

我们也可以从吕剑在1980年《战地》第六期上发表的《圣陶先生印象记》中找到答案。在这篇文章中，叶圣陶先生讲，郑振铎先生自己也想不到这次欧洲旅行会这么快，在七天之内才有了这个动议，下了这个决心。可见，作者是不得不离开，或者说并不想离开，离开得有些突然，完全是形势所逼。因为当时作者遭到了国民党政府的迫害，才不得不暂时离开祖国的。可是，作者的心是矛盾的，他希望能留下来和同志们一起战斗，更令作者感到不安的是，当时的祖国正笼罩在一片血腥的白色恐怖之中，更多的同志还在坚持战斗，甚至在抛头颅、洒热血，自己却悄悄地离开，心不甘、情难堪！尽管是为了"求得更好的经验"，"求得更好的战斗武器"，回来"以更猛的力量"投入战斗，才必须离国出走的，但是严于律己、情操高尚的作者还是深深地陷入了自责的感情纠结中，剖析自己，在文章中称自己是"罪人"。

121

"别了，我爱的中国"
重复三次有什么妙用

《别了，我爱的中国》这篇课文里有这样一个句子："别了，我爱的中国，我全心爱着的中国"，重复出现了三次，这是为什么，有什么妙用吗？

第一，作者用这句话统领全文。这篇课文分三段，第一段写亲人送别，作者用"别了，我爱的中国，我全心爱着的中国"来抒发远离时的依依不舍之情。第二自然段写帝国主义军舰的耀武扬威和祖国山河的壮丽，这是作者的所见，也蕴含了作者对祖国命运的关心、担忧，这时作者用这句话来表达自己离别祖国时复杂的感情，既有难舍，又有惦念。第三段写临别所想，表达了"驱逐侵略者，消灭反动派，建设新中国"的强烈愿望，用这句话点明自己对祖国的忠诚和炽热的感情。

第二，作者用这句话作为红线串结全文。这篇文章写临别祖国时的所见、所闻、所想，主要有亲友送别、沿途景物、心中所思等，看上去这几段内容并不是紧密关联的，可是有了"别了，我爱的中国，我全心爱着的中国"作为红线，使文章紧紧连成一气，成了有机的整体，而且表达的感情一层比一层深入、强烈。

第三，作者用这句话来增强文章的感染力。"别了，我爱的中国"是一个倒装句，突出了"别"字，强调了不忍与祖国分离的感情，而且把这句话在课文里反复三次，较好地渲染了作者对祖国浓烈的思想感情，一次比一次递进，一次比一次深沉。

《小蝌蚪找妈妈》的作者是谁

《小蝌蚪找妈妈》的作者是方惠珍、盛璐德，都是我国幼儿教育工作者。这是他们在教育实践中为幼儿编写的一篇科学童话。

起初，他们根本没有想到要把它写成什么精品，只是在教学中，为了给孩子讲些有知识、有趣味的故事，想不到这篇童话让他们一举成名。因为这篇童话不仅能帮助孩子增长一些自然知识，而且富有儿童情趣和生活情趣，很受儿童欢迎。1960年，国家有关部门曾运用中国水墨画的形式，把它拍成了动画片，不仅得到了儿童的喜爱，还在1961年的瑞士罗加诺国际电影节获得了"短片银帆奖"。1982年，在全国第二次少年儿童文艺创作评奖中，又获得了一等奖的殊荣。

什么是课文的难点

　　课本的难点是要根据每个人的学习实际来定夺的，它与知识的广度、生活接触面的大小、认识水平的高低以及理解能力等密切相关。

　　一般来讲，一篇课文中比较生疏的字词、过于隐晦的语句、过于概括的语句、内容距离生活很遥远的语句、哲理性强的语句、结构复杂或含意深刻的语句，以及对中心思想的把握、写作技巧的领悟等，都是学习的难点，需要在学习中加以重视。

124

难点和重点是一回事吗

　　难点和重点是两个概念，也是两码事儿。

　　如果难点恰恰就是重点的话，疑难的地方就是关键之处，突破难点也就掌握了重点，这说明重点和难点是一致的。

　　难点往往是指字词的艰深难懂、思想内容的深奥等，而重点往往是与学习要求有密切关系的部分，包括掌握多少字词、学会分段、能总结出中心思想等内容。这说明，难点和重点是有差异的。

怎样提高我们的自学能力

自主是现代人必备的素质，自学是每个小学生必须具备的素质；教是为了不教，核心是让学生能够自我学习。自学能力就是学习者运用已有的知识、能力有效地撷取新知识的能力。培养学生学习语文的自学能力，有利于发展各门学科的自学能力，也有利于学生综合知识、能力、素质的提高。那么，怎么样提高小学生自学能力呢？

125

1. 培养自学兴趣

兴趣需要培养，没有兴趣也就没有学习的积极性和动力。要有自学能力，必须从自学兴趣开始，最终实现"自能听话，自能读书，自能成文"，最终，能够养成"自学精神"。

2. 养成良好的默读习惯

要学会用眼睛一次把握住一个句子，而不是按字或一个个单独来阅读，以提高默读速度，培养整体观念，并逐步养成边默读边查问的习惯，边默读边思考的习惯，边默读边画批的习惯，做到"不动笔墨不看书"，在默读过程中，要逐步养成边读边作记号，提高自己的阅读水平和记忆力。

3.要努力做到读写结合

读、写结合，可以使我们既动脑思考，又动手写作；既促进知识掌握，又促进自学的能力。

4.要养成严格训练的习惯

培养自学能力需要我们多练、多看、用脑多想、用手多做，取得"习之功"。

126

自学能力不是与生俱来的，而是后天培养形成的，学生"会学"比学生"学会"更为重要，有了自学本领才能在未来的学习、工作中掌握探索的主动权。

怎样才能学会朗读

朗读是学习语文的基本功。那么，怎样才能学好朗读呢?

1.定好情感基调

每篇课文都有自己的情感基调，表达或抒发的情感不外乎喜爱、憎恶、悲愤、批评、赞美等。我们在朗读课文时，一定要先把握好课文的基本情感，然后才能为自己的朗读定下恰当的基调。如《十里长街送总理》这篇课文写的是首都群众送周总理灵车的感人场面，朗读时的情感应该是哀伤、怀念的，语速要缓慢，语调应低沉。

2. 抓住关键词语

在朗读课文时，往往有一些关键词需要把握、抓住，如《火烧云》这篇课文中有这样一句话："大白狗变成红的了，红公鸡变成金的了……"朗读时，"红"、"金"等词语要加以强调，读重音。

3. 掌握句式结构

127

在小学课本里我们会学到陈述句、反问句、感叹句、双重否定句、倒装句、排比句等，这些句式对作者表达情感非常有益。如《再见了，亲人》这篇课文最后一个自然段："再见了，亲人！再见了，亲人！"这是两个感叹句，也是两个倒装句，非常强烈地表达出志愿军战士与朝鲜人民的深情厚谊，朗读"再见了"就要加重语气。

4. 读好人物语言

人物语言的前面、中间或后面大多有提示语，有的提示语交代了说话时人物的神态、语气，我们就要根据这些提示语来确定朗读时的语调，才会让我们有身临其境之感，才能更好地读通、读懂课文，最终帮助我们理解和掌握课文的思想感情。

朗读课文有哪些要求

朗读是我们学习语文最为常用的一种方法，也是把书面语言变成有声语言的一种艺术。读得好，有助于我们理解课文的意思、体会作者的思想感情等。那么，朗读课文有哪些

要求呢？

1. 读得正确

朗读的基本要求是用普通话，要求读准字音，读通句子，声音要抑扬顿挫，注意把握发音速度、语气及标点、语气的间隔、轻重缓急和停顿等，做到不唱读。

2. 读得流利

要注意读出语句中的停顿和轻重音。首先要弄明白自然段间、句子与句子之间的停顿有长短之分。其次，是注意课文中较长的句子，要找准一个句子中停顿的地方。

3. 读懂文意

在朗读课文时，要对所朗读课文的内容进行深入地理解，并做到一边读一边琢磨语句所包含的意思，才能更好地达到学习效果。

 4. 读出感情

课本里所选的文章大多数是内容丰富多彩，语言生动活泼，具有很高的文学性和艺术性。因此，我们在朗读时要先听范读，再进行仿读，读出正确的语调，读出文章的感情，特别是文章中的对话，朗读好了，最能体现作者的喜怒哀乐的情感变化，给人一种身临其境的美感。

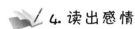

"段落大意"与"小标题"区别在哪里

进入小学高年级以后，按照教学大纲的要求，每个学生就应该具备有给一篇课文分段、概括段落大意的能力。给课文加小标题，概括性要比写出课文的段落大意难，一般是在学生具备给课文分段、概括出段意的基础上提出来，并要求做到。因此，在学习中，千万不能把"小标题"与"段落大

意"混为一谈，这两者是既有联系，又有区别的。

段落大意是抓住每段的要点概括出来的比较完整的意思。以《十里长街送总理》一课为例，全文可以分为三段，段落大意可以分别写为："十里长安街上，无数群众在等待着周总理灵车的到来；人们望着总理的灵车，心情无比沉痛；灵车远去了，人们还是静静地站着，好像等待周总理回来。"

小标题和段落大意有相同处，都是对课文内容的高度概括，都应该体现这段文字的重点内容，但是小标题比段落大意写得更简洁、精炼，而且不一定是完整的句子，有时就几个字词就行了。还以《十里长街送总理》为例，如果加小标题就可以写成："等灵车；望灵车；送灵车。"寥寥几个字，言简意赅，提纲挈领地写出了课文的三段内容。

130

"段落"与"层次"有什么不同

课文里有一篇读写例话《段落和层次》，介绍了段落与层次的异同，归纳起来讲，它们之间不同处主要有以下几点：

1. 段落和层次是两个不同的概念

段落是叙述内容的顺序，而层次是思想表达的顺序。我们教材中的层次不是指一个段落内部的几层意思，而是指文章的中心思想是怎么样一层一层地表达出来的。

2. 分段和分层的目的不同，分法也不同

分段是为了分析文章的内容，归纳出文章的主要内容，而分层是为理清作者思路，了解作者是按照怎么样的顺序来表达中心思想的。在分法上，分段常常在总结中心思想以前进行，往往从自然段入手，是为了弄清段与段之间的关系；而分层次必须在总结中心思想以后来完成，往往从题目入手，重点是要弄懂每层意思和中心思想的关系。

3. 段落和层次的划分，在同一篇文章中，大多数是统一的

一般来说，作者表达的中心思想与文章的内容是统一的、紧密相联的。当然，也有段落与层次划分不统一的情况。

131

唐诗是怎样"发表"的

生活在今天的诗人可以把自己写好的诗寄给报纸、杂志、广播、电视、网络等发表，可是，一千多年前的唐朝诗人有了好作品又是怎样"发表"的呢？

1. 当面呈送或寄赠

这是最为常见、最普通的方式，如李白的《赠汪伦》，就是直接把自己的诗作呈送给对方。大诗人杜甫的诗友苏涣曾经到杜甫的船上拜访，当面吟诵自己的诗作给杜甫听，请求雅正。

 2. 即席吟诵

这是一些诗人为结识达官权贵最为惯用的方法。在一些重要的宴请活动上，诗人为了展示自己的才华，往往会即席赋诗，以博得显贵的欣赏，使自己成名。如当时的卢纶、韩胡、李端等所谓"十才子"就是经常奔走在王公贵族的宴席上以诗唱和、酬答，从而名声大振。

 3. 墙壁题诗

在一些驿馆、驿亭、寺观等公共场所的墙壁上题刻，是唐朝诗人发表作品的最佳方法。有的还喜欢在名胜古迹的山崖上题诗，让更多的人了解自己。现在的一些景区里也有文人墨客凿壁题诗，无疑是学习古代人的一种扬名方法，但是稍有不慎就会对自然景观造成破坏。

当然，唐朝已经有了雕版印刷术，白居易等诗人也曾印过诗集，让诗歌在上流社会流传。此外，中唐以后还流行用"诗板"题诗，然后挂起来。更有趣的是，道士诗人唐球把自己的作品放在一个漂流瓶中（大瓢），投到河里，让更多的人读到他的诗作。

"古诗"是不是"古体诗"

小学语文课本里常有"古诗 × 首"这种字样出现，其中"古诗"并不是"古体诗"，而是泛指"古代诗歌"。

实际上，专家学者从研究古代诗歌的角度来分，"古代诗歌"又分"古体诗"和"近体诗"。传统所称的"古体诗"简称"古诗"，是专指唐朝以前没有严格韵律的诗体，而近体诗是指律诗和绝句等唐初才成熟的一种新诗体，它与"古体诗"是相对而言的，十分讲究声律、平仄、句数、字数、押韵等。因此，小学语文课本的"古诗"，不能简单地理解为"古体诗"，它是泛指古代诗歌，包括了律诗和绝句等近体诗。

133

诗歌什么时候称"首"

最初，诗歌也称"篇"或"章"，而不是称"首"。例如，我国最早的诗歌集《诗经》就叫诗"三百篇"，屈原的诗叫"九章"。那么，诗歌什么时候称"首"的？最早出现在东晋初年，有个名叫孙绰的诗人，在他的作品《悲哀诗序》中写道："不胜哀号，作诗一首。"从此，人们开始称诗为"首"了。

《忆江南》以及词牌是什么意思

《忆江南》是我们课本里选的一首词。那么，什么是词呢？它是一种句数、字数和韵律都有规定而句子长短不同的格律诗。词牌是词的格式的名称，在我们小学语文课本里涉及到的词牌主要有：《忆江南》、《长相思》、《菩萨蛮》等等，而词调是写词时所依据的乐谱。词牌的由来主要有这样几种情况：

1. 词牌原来就是词的题目。

如《渔歌子》就是写渔父的，《忆江南》就是写对江南的回忆。但是，后人所写的《渔歌子》、《忆江南》，其内容就和渔父、忆江南无关了。词牌既和词的内容相脱离，有的作家就在词牌之外另注明词题，例如苏轼《江城子·密州出猎》，也有在词牌下作一小序。如辛弃疾《摸鱼儿》，词牌下有小序："淳熙己亥，自湖北漕移湖南，同官王正之置酒小山亭，为赋。"

134

2. 词牌本来是乐曲的名称

如《菩萨蛮》，据说是由于唐代大中初年，女蛮国进贡，她们梳着高髻，戴着金冠，满身璎珞（璎珞是身上佩挂的珠宝），像菩萨。当时教坊因此谱成《菩萨蛮曲》。据说唐宣宗也特别喜欢唱《菩萨蛮》，可见它风行一时，有点像今天的流行歌曲了。《西江月》、《风入松》、《蝶恋花》等都属于这一类，是来自民间的曲调。

 3. 词牌是摘取一首词中的几个字

例如《忆秦娥》，因为依照这个格式写出的最初一首词开头两句是"箫声咽，秦娥梦断秦楼月"，所以词牌就叫《忆秦娥》，又叫《秦楼月》。再如《念奴娇》又叫《大江东去》，这是由于苏轼有一首《念奴娇》，第一句是"大江东去"。又叫《酹江月》，因为苏轼这首词最后三个字是"酹江月"。

有的词牌与词的声情无关，与词的内容也无关，所表示的仅是词的句式、平仄和用韵。起初，只是以某一词牌的代表作品为模式，按照它的句式、平仄和韵律来创作词。后来，就有人把各种词牌的句式、平仄、韵律标出来，编成词谱，供他人照着填写。因此，作家创作词又叫填词。这种文体起于南朝，形成于唐，盛行于宋。根据字数多少，词又可分为小令、中调和长调，最早是民间创作，后来一些文人也开始创作词。

寓言和童话有什么区别

学习了《亡羊补牢》以后，不少同学会问：寓言和童话到底有什么区别？

其实，这是两个迥然不同的文体，以课本为例，《亡羊补牢》是寓言，而《小蝌蚪找妈妈》是童话。两者相似之处是，故事都是虚构的，故事中的主人公既可以是人，也可以是人格化的动物、植物或自然界的其他东西和现象，同时都具有教育意义。概括起来讲，童话是按照儿童的心理特点和需要，通过丰富的幻想、想象，借助生动曲折的情节，来反映生活、抑恶扬善，以教育他人的文学体裁。寓言是含有讽喻或明显教训意义的故事。从结构上看，寓言篇幅较短，而童话稍长；寓言一般来自民间故事、古代文学著作等，内容以写实为主，而童话是一种富有幻想色彩的故事，没有幻想，就没有童话；从语言讲，寓言的语言讲究朴实，而童话的语言追求华美和意境。

136

"神话"与"迷信"有什么区别

课文《齐天大圣》节选自我国著名的神话小说《西游

记》。读了这篇神话故事以后，许多同学会把神话与迷信混为一谈，或者不知道怎么样来区别"神话"与"迷信"。

一般来说，表现古代人对自然现象和社会生活的一种天真的解释和美丽的向往的幻想故事叫神话。神话的主人公一般都具有超人的智慧和力量，以及变幻的形体。如我国古代有名的神话故事《精卫填海》中的精卫这个形象，就具有超人的意志和力量。《西游记》是吴承恩在民间流传的取经故事基础上，运用神话表现手法写成的长篇小说，孙悟空就是作者通过幻想把人的能力加以理想化创造出来的形象，宛如今天能上天入地的超人。

迷信和神话迥然不同，神话反映了人们对自然力和社会力的一种积极征服的愿望，它能鼓舞人们的斗志，激发人们去征服大自然和改造社会，是我们倡导的；而迷信是人们在自然力和社会力面前表现软弱无能而产生的一种盲目崇拜，它只能使人斗志消沉，听凭命运的摆布，是我们所反对的。

137

《神笔马良》是童话还是民间故事

我们课本里有一篇美妙的文章《神笔马良》，同学们都十分爱读。可是，常常会被一个问题所困扰：它究竟是童话，

还是民间故事？

　　1956 年少年儿童出版社出版《神良马良》时，曾注明是童话。可是，有的同学认为它是民间故事。我们知道民间故事是指那种群众集体口头创作而成的故事，范围很广，也包括民间童话。但是，童话不一样，它是专门为儿童阅读而写的，是儿童文学的一种形式。《神笔马良》的某些情节虽然来自民间传说，但是它的主体是个人创作的童话，不能简单地说它是民间故事。

138

"民间故事"就是"传说"吗

　　"民间故事"和"传说"都属于民间口头文学形式，两者关系十分密切，但是广义的"民间故事"可以包括"传说"，而狭义的"民间故事"专指那些以虚构的人物形象、广泛的背景、完整有趣的情节来表现人民生活和思想的故事，就不能包括"传说"。这是因为，"传说"有代代相传的意思，有一定的史实，它与历史人物、历史事件、地方风情、古迹等有一定的密切联系，而狭义的"民间故事"可能就是当代民间编撰的故事，不一定有深厚的历史内涵作依托，或者根本找不到一点历史的影子。

可见，"传说"虽然有虚构的成分，甚至常常带有幻想的情节或内容，但是故事中的人、事、地、物的某些方面或多或少还是打上了历史的烙印，具有历史的可信性特征，像《鲁班学艺》一课就是"传说"，因为故事中的"鲁班"虽然被民间故事的作者塑造成了能满足人们各种需要，帮助人们解决各种困难的神智人物，但是他毕竟是以历史上的真实人物为基础的。这也正是"传说"与"民间故事"的区别所在。

怎样写好读书笔记

139

在三年级和四年级的时候，同学们很少记笔记，即使记了，也只是把老师写在黑板上的板书抄在笔记本上，或是读完一篇好文章或一本书，摘几个好词语了事，可是到了五年级和六年级就不同了，有了一定的知识积累，对怎样读书有了自己的见解，而且读书笔记的内容也更加丰富多彩。

那么，怎样写好读书笔记呢？一般来讲，读书笔记分为摘录、提纲、批注、心得等几种情况。

 ## 1. 摘要式读书笔记

可以摘录原文的词语、优美句段等，但是要注明出处，包括题目、作者、出版单位、出版日期、页码等，以便于引用和核实。

2. 评点式读书笔记

这种读书笔记要求高，是写下自己对读物内容的主要观点、材料的看法等。也有四种情况。第一种情况是在读书的时候，把书中重要的地方和自己体会最深的地方，用笔在字句旁边的空白处打上个符号，或者在空白处加批注等。第二种情况是写提纲，即用纲要的形式把一本书或一篇文章的论点、论据提纲挈领地叙述出来，不改变原文的顺序，只摘记或归纳原文的主要内容。第三种是写提要，它与写提纲不同，是用自己的话来扼要地写出读物的内容，比提纲上了一个台阶。第四种情况是写读书点评，它是读完一篇文章或一本书以后，对它的得失加以评论，或对疑难处加以注释，包括对原文认为有不满意的地方进行修改、补充等。

3. 心得式读书笔记

这是我们小学语文课本里要求练习的基本功。它包括运用札记、心得等，写出一本书或一篇文章的主要内容，以及自己读书之后的认识、感想、体会和得到的启发与收获等，是在比较、鉴赏的基础上产生的观点和看法，是读书的一种理性升华，对提高自己的阅读水平和写作水平很有裨益。

课本里的文章有哪几种结尾方式

　　"编筐编篓，重在收口。"一篇好文章不可忽视结尾，优美的结尾能为文章增光添彩，回味无穷，给读者留下更加深刻的印象。那么，我们小学语文课本里主要有哪些结尾方式呢？

1. 总结式

　　如《冀中地道战》的结尾："有了地道战这种斗争方式，敌人毒辣透顶的'扫荡'被粉碎了……在我国抗日战争史上留下了惊人的奇迹。"这样的总结既概括了全文，又揭示了文章的主题。

141

2. 抒情式

　　如《枯井》的结尾："好多的古井啊，它不仅为乡亲们提供着生命的泉水，还陶冶了乡亲们的品格，使他们懂得应该怎样做人。"以这样抒情的方式结尾，点明了中心，升华了感情。

3. 照应式

　　如《海底世界》的结尾："海底是一个景色奇异、物产丰富的世界。"这样的结尾与文章的开头相互照应，使文章结构浑然一体，给人一种严谨、完美的艺术享受。

4. 反问式

如《灰椋鸟》的结尾："……没有这几年大规模的植树造林，我们到哪儿去观赏这鸟儿归巢的壮观场面呢？"以反问句来结尾，含义深刻，令人回味，产生了较强的艺术震撼力。

5. 点题式

如《给，远比拿快乐》的结尾："要知道，给，永远比拿快乐。"以这样的语句来结尾，正好巧妙地点题，是对全文的一个完美总结。

6. 自然式

142

如《记金华的双龙洞》的结尾："我们排队等候，又仰卧在小船里，出了洞。"这样的结尾自然、清晰，水到渠成，没有丝毫的修饰痕迹，是一般叙事类文章最为常用的结尾方式，给读者留下了明快、简洁的美好印象。

哪些课文用了修辞手法结尾

结尾方法多种多样，用修辞艺术来给文章结尾无疑能为全文增色，进一步感染和打动读者。我们小学语文课本里有许多这样的文章。

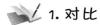 **1. 对比**

如："这些鸟都向凤凰学过搭窝，可是有的仍旧不会搭，有的搭的窝很粗糙，只有小燕子搭的窝不仅漂亮，而且又结实、又暖和。"这是《群鸟学艺》的结尾，作者结合小燕子搭窝的特点，与其他鸟进行了鲜明的对比，突出了小燕子搭窝的认真，巧妙地揭示了文章的中心思想。

2. 发问

如："这不是伟大的奇观么？"这是《海上日出》的结尾，用一个发问句来结束全文，抒发了作者对海上日出这一奇观的强烈赞叹和热爱之情。

143

3. 设问

如："它是多年来周总理和邓妈妈随身带着的。是从什么时候起他们就带在身边，一直带到北京来的呢？是从延安窑洞，从重庆红岩，还是从二万五千里长征路上？"这是《周总理的睡衣》的结尾，作者用设问手法来结尾，既写出了一件睡衣的深刻内含，又揭示了人物高尚的情操。

4. 呼告

如："别了，我爱的中国，我全心全意爱着的中国！"这是《别了，我爱的中国》的结尾，作者用呼告这一修辞手法表达离开祖国的依依不舍之情。

5. 引用

如："蒙汉情深何忍别，天涯碧草话斜阳。"这是老舍先生的《草原》的结尾，引用了一句诗歌，既凝练简洁，又点明了中心。

6. 比拟

如："小音乐家扬科睁着眼睛。眼球已经不在动了。白桦树哗哗地响，在扬科头上不住地号叫。"这是《小音乐家扬科》一课的结尾，作者把白杨树拟人化，借白杨树的哀号来抒发对小扬科悲惨命运的同情和不平。

144

当然，课本里用修辞手法来结尾的文章还有许多，手法不同，艺术效果也不同，需要我们在学习中仔细领会和欣赏。

怎样抓住线索学课文

课文中的线索是贯穿全文的思路，也是课文段落结构的纽带。学习中如果能抓住各种线索，有助于我们更好地理解课文内容，提高读写能力。

　　一是抓住时间线索。这是记叙文体中最为常见的一种方法，如《我的战友邱少云》就是按照"天亮前——中午——黄昏"这一时间线索来写的，生动有序地记叙了邱少云在烈火中牺牲的经过，表现了邱少云严守革命纪律、勇于牺牲自我的崇高精神。以时间为线索，使文章叙述的脉络十分清晰、完整。

　　二是空间线索。这种空间转换的记述顺序在游记中十分多见，如《记金华的双龙洞》先写"路上的见闻"，再写"游览外洞的情景"，接着写"从外洞进入内洞的经过"，然后写"内洞的情景"，最后写"乘船出洞"。随着空间方位的变化，作者的见闻也有不同，给读者留下了深刻的印象。

145

　　三是事件线索。这种线索也叫事情发展顺序，如《狼牙山五壮士》一课以五壮士"接受任务"、"诱敌上山"、"引上绝路"、"顶峰遇险"、"壮烈跳崖"等为顺序，随着事件的发展，逐步走向高潮，使故事情节严谨、完整，较好地塑造了人物形象。

　　四是情感线索。这是一种随着情感变化而变化的写作顺序，如《再见了，亲人》这一课以中朝人民依依不舍的惜别之情为线索，分别叙述了中国人民志愿军同朝鲜大娘、小金花和大嫂的告别情景，颂扬了中朝两国人民比山还高、比海还深的战斗情谊。随着感情的变化，把读者带入不同的情境

之中，细腻动人，耐人寻味。

课前预习怎样更科学

预习是学习的一个重要环节，能使听课更有针对性，提高听课质量，有助于积极思考问题，培养自己独立学习的能力。那么，怎么样预习才能做到科学有效？

 1. 质疑课题

146

根据课题想一想，问一问，弄清新知识的学习重点，以及与旧知识的联系等。如：学习《长城》一课时，在课前预习时可以先围绕课题"长城"想一想，为什么叫"长城"，到底有多长，为什么要修长城，修长城会遇到哪些困难，它存在的历史意义在哪里，等等，通过针对课题提出一系列问题，并在课文中寻找答案，基本上就能把课文读懂了。

 2. 粗读课文

通过粗读课文来解决字词，扫清阅读障碍。

 3. 通读课文

"书读百遍，其义自现。"在预习时既要围绕课题"问一问"，接着就要认真地把课文通读几次，通过通读能够大致了解课文的大意，做到丢下课本能讲出大概的情节。

4. 边读边想

在了解课文的大意后，要想一想这篇课文主要讲什么，一共有几个自然节，可以分几个重要的层次等，边读边想，知道课文围绕什么而写，写了些什么，线索是什么，文章好在哪里，进一步加深对课文的理解和认知。

5. 作好笔记

预习时作好笔记是重要的一环，包括边读边想时要划出不认识的字、不理解的词、不懂的句子、课后不会做的习题等。如果借助字典、学习资料等能解决固然好，不能就暂时放一放，在上课时要集中注意力来听老师的讲解，才会把这些"拦路虎"彻底消灭。

147

怎样从课文里提问题

"学问学问，既学又问"。"学"是指在老师的引导下自己阅读、理解、模仿、摸索、领悟等认知过程；而"问"是对不熟悉、不明确的问题进行质疑的过程，是对"学"的补充，"问"的过程就是主动学习的过程。那么，怎样才能学会从课文里提问题呢？

1. 问原因

《中条山的风》里这样写："我的被子一夜工夫就盖上了一层土。早晨起床，满嘴沙子叫人觉得牙碜。我不禁皱起眉头。"那么，为什么皱起眉头？联系上下文我们不难找出原因：嫌中条山气候恶劣、环境艰苦，因而产生了厌恶情绪和畏难思想。找到了原因才能更好地读懂下文中班长的"谈心"和"我"的思想转变。

2. 问结果

《穷人》中结尾写道："'你瞧，他们在这里啦'，桑娜拉开了帐子。"那么，拉开帐子后会有什么结果呢？西蒙的孩子和桑娜的孩子安稳地睡在了一张床上，两颗穷人的心想到了一块去了！探究结果，才能体会文章里的弦外之音，品出言尽却意无穷之妙。

3. 问差异

《粜米》中："那些戴旧毡帽的，大清早摇船出来，到了埠头，气也不透一口，就来到柜台前面占卜他们的命运。"这句话能不能变成"那些戴旧毡帽的，大清早摇船出来，到了埠头一点也没有休息，就去询问米价"？哪一种表达方式更好？问差异，才能锻炼我们的分析能力，提高语言表达水平。

4. 问联系

《詹天佑》中"詹天佑是我国杰出的爱国工程师"，这句话与下文的"接受任务"、"勘测线路"、"开凿隧道"、"设计'人'字形线路"有什么联系？抓住这个联系，问题就会迎刃而解。这句是文章的中心句，下面那些典型材料都是围绕这句话来写的，它是全文的灵魂。问联系，我们才能摸索出事物之间的规律，品悟出作者布局谋篇的精妙。

149

怎样写好人物的外貌

一些同学在写人物外貌时，总是用"圆圆的脸，水灵灵的大眼睛，又黑又浓的头发"来描写，这样只能是"千人一面"，无法鲜明地刻画出人物的特征。那么，怎么样才能使我们笔下的人物既个性分明，又栩栩如生呢？

1. 抓住人物的服饰特色

例：他正在厨房里，紫色的圆脸，头戴一顶小毡帽，颈上套一个明晃晃的银项圈。(《少年闰土》)

这段传神的人物外貌描写妙在抓住了服饰特点，让读者一读便难忘这个生活在江浙的农家少年形象。"一顶小毡帽"，这是江浙一带农家子弟特有的穿着风俗，"一个明晃晃的银项圈"，表明父母非常爱他，迷信戴上一个银项圈便能把生命套住，不会有闪失。这些服饰上的特点，再加上点睛的"紫色的圆脸"一笔，把一个健康活泼可爱的农家少年形象刻画得生动逼真、如置眼前。

2. 抓住人物的形象特征

例：炊事班长四十多岁了，个子挺高，背有点驼，高颧骨，脸上布满了皱纹，两鬓斑白了。（《金色的鱼钩》）

这段人物描写抓住了"高个子"、"驼背"、"布满了皱纹"、"两鬓斑白"等人物外貌上的特征，让读者一眼就能读出一位饱经风霜的人物形象，也表明他是受苦人出身，并经受了革命风雨的洗礼，经受了艰苦卓绝的斗争考验，从而让读者感到老班长这个人物形象可亲可敬，以至铭刻在心，终身难忘。

3. 抓住人物的表情特点

例：董存瑞昂首挺胸，站在桥底中央……他像巨人一样挺立着，两眼放射出坚毅的光芒。（《董存瑞舍身炸暗堡》）

这段人物描写抓住了"昂首挺胸"、"两眼放射出坚毅的光芒"等神情特点，表现了英雄大无畏的革命精神和对革命充满必胜信念的内心，从而塑造了董存瑞这个顶天立地的高大形象。

当然，写好人物形象的方法还有很多，同学们可以结合自身的学习和写作实践慢慢了解、掌握。

课本里有哪些说明方法

小学语文课本里有许多篇说明文，像《太阳》、《鲸》、《黄河象》等。这些说明文，主要采用了哪些方法来说明的呢？

 1. 引用法

通过引用一些言论或材料做依据，来补充说明要介绍的内容，让人信服。如《太阳》中引用了神话传说故事，说明太阳的"热"。

 2. 举例法

这是最为常见的说明方法。如为了说明鲸鱼的体大，举例说我国曾经捕获到一条鲸鱼重达八万多斤。

 3. 比喻法

打比方也是一种让读者容易接受的说明方法。如《富饶的西沙群岛》中写到"有的像绽开的花朵，有的像美丽的鹿角"，这些比喻主要是用来说明海底世界中珊瑚的美丽。

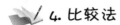 **4. 比较法**

比较说明虽然没有比喻说明形象生动，但它一般是拿读者熟悉的事物来说明深奥的东西，使要说明的事物变得浅显易懂。如《鲸》中写一条鲸鱼的舌头重量时，作者拿它与十几头大肥猪相比较，就比单纯的数字说明鲸鱼舌头重量要形象、生动得多，读者容易理解。想一想，十几头大肥猪才抵得上一条鲸鱼的舌头重，这舌头真够大的。

5. 数字法

数字虽然容易让读者感到枯燥，但是在说明文中，用数字能把一些事物说得更明白、更准确，如《黄河象》中描写大象的骨架时用"高四米、长八米"，"前端是三米多长的大象牙"，"在一百多块脚趾骨中，连三四厘米长的末端趾骨也没失掉"，把大象的骨架写得如置眼前。

6. 分析法

通过推理、联想、判断、概括等分析方法，得到科学结论，达到说明的目的。如《黄河象》一课，作者从黄河象化石骨骼保存完好的特点，科学地推断了这头黄河象的来历，包括当时的天气、地质变化等，从而得出科学结论。

前后呼应有哪些方法

前后呼应是一种简明而巧妙的写作方法，一般是前面提到的问题或涉及的内容，后面又有了回答或着落。妙用前后呼应可以使文章曲折多变，增强感染力和吸引力。那么，前后呼应有哪几种方法呢？

1. 问答式

如《海底世界》一课开头写道："你可知道，大海深处是怎样的吗？"这是"问"，交代问题，引起读者的思考和注意，结尾概括地问答："海底真是景色奇异、物产丰富的世界。"文章以"问"开头，以"答"结尾，一问一答，像一根红线把文章串在了一线，使文章脉络十分清晰。

153

2. 解疑式

如《我的伯父鲁迅先生》第一段写："我有点惊异了，伯父为什么得到这么多人的爱戴呢？"先提出心中的疑问，接着用四个小故事来解答这个疑问。这种呼应方法，目的是为了唤起读者的探究欲望，激发对下文阅读的兴趣。

3. 因果式

如《草船借箭》开头交代了原因："周瑜看诸葛亮挺有才

干，心里很妒忌。"结尾用事实的结果作了呼应："周瑜长叹一声，说：'诸葛亮神机妙算，我真不如他！'"用因果式来前后呼应，使文章结构浑然一体，表明了周瑜的暗算失败，诸葛亮的足智多谋。

课文里有哪些夸张手法

夸张是为了表达感情需要，突出事物的某些特征，有意把话说得"言过其实"，课文里使用这种修辞手法主要有两种：

 ### 1. 扩大

就是故意把一般事物说得扩大些，我们称这种是"扩大性夸张"。如："面对死亡我放声大笑，魔鬼的宫殿在笑声中动摇。"（《我的"自白"书》）我们知道，笑声再大也不可能把宫殿笑得动摇了，可是作者这么一夸张，就更突出了烈士面对死亡无所畏惧的革命豪情。

2. 缩小

就是故意把一般事物说得缩小些，我们称这是"缩小性夸张"。如："房屋像鸽子笼，汽车像甲虫，公路像一条线。"（《第一次跳伞》）作者夸张地把房屋、汽车、公路等比喻成鸽子笼、甲虫、一条线，不仅形象，而且突出了天空的"高"，反衬了第一次跳伞的紧张心理，令人一读不忘。

什么是学好语文的好习惯

语文是我们学习其他学科的基本功，具有工具作用。学好语文与培养良好的习惯关系十分密切。那么，哪些是学好语文的好习惯呢？

1. 查字典的习惯

读书、写作都会碰到生字，不要急于问同学或老师，最好是养成自己动手查字典的习惯，让自己从字典里弄懂它的读音、字义等，这样留下的印象会更深，掌握得会更牢固。

2. 朗读的习惯

"书读百遍，其义自见。"朗读时要做到不添加字、不丢掉字、不读错字、不拿腔作势、不重复，更不能有"和尚念经，有口无心"的坏习惯。要通过朗读来体会课文的思想感情。

3. 预习、复习的习惯

每次上课前要自觉预习，有利于上课时更好地听懂老师

155

的课，把注意力盯在课前预习时不懂的地方。课后复习是巩固课堂知识的重要途径之一，决不能省掉。否则，新课的知识不能牢固掌握，不利下节课学习，因为知识学习是一项系统性工程，往往前面知识对后面知识的学习有铺垫作用。

3. 写日记的习惯

经常写日记，能不断地提高自己观察、表达能力，为自己的写作积累材料，以及养成良好的思考、观察习惯和持之以恒的毅力。

4. 读书看报的习惯

156

学习好语文仅仅依靠课本上的那些课文是远远不够的，一定要把功夫下在平时，通过阅读课外书报来丰富自己的阅读视野，才能不断地增长知识、才干和智慧，实现课外对课内的补充。

怎样阅读课外书

阅读课外书不仅能增长知识，扩大视野，还是提高阅读和写作能力的好方法。那么，怎样来阅读课外书呢？

1. 看目录、提要

　　一本书在手，厚厚的，数万字甚至数十万字，怎样才能让自己尽快走进新书的阅读状态中呢？一定要先看目录或内容提要，对书的内容有个大概的了解，知道这本书有什么特点、主要讲什么内容、自己有没有阅读兴趣和需要，等等，弄明白了这些问题后，才会对自己读不读、怎么读这本课外书做出正确的决策。当然，购书时就要有所选择，既要与自己的阅读兴趣联系起来，又要有实用性，与自己当前的学习和生活联系起来，才会有兴趣把这本书读下去。

 ## 2. 粗读

　　人的一生阅读的书是十分有限的，看了目录或内容提要后，你会作出读不读这本书的决定。但是，先不要急着认真读，而是要粗略地浏览一下，对这本书的内容、表达的思想等有个大概的了解、熟悉，并把书中最吸引眼球的内容看一看就可以了，不必对每篇文章都作深入地分析、研读。

157

 ## 3. 精读

　　曾国藩对儿子谈读书时，要求"一书不尽，不读新书"，意思是一本书没有真正理解它的思想和内涵，不要急着读新书，指的就是精读。如果你在阅读课外书时，遇到了一本特别喜爱的书，就一定不要放过，应该认真地精读，逐字逐句地细读深钻，直到把文章中优美、经典的语句记住或摘录在笔记本上，把作者的构思技巧、写作特色等了然于心，把文章的意思和感情彻底领悟为止。这样，对提高自己的读写能力都会有较大的帮助。

为什么说"起好题目一半功"

为了避免文章题目的老套陈旧，平淡无味，给自己的作文起一个新鲜有趣、吸引人的题目非常重要。所以，有人说写文章"起好题目一半功"。那么，怎样给作文起题目呢？

 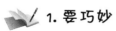

1. 要巧妙

这里首先说要小巧，不要把作文题目起得太大了。如《长城砖》这个题目就非常小巧，让读者会产生奇妙的联想：长城上的一块砖头有什么值得写的？难道有什么奇特来历？其次要妙用，如《落花生》这个题目，虽然简单，可是落花生既是一种植物，也是一种精神的象征，以它为题意味深长。

2. 要新颖

如《小狮子爱尔莎》、《科利亚的木匣》等文章的题目就比较新颖有趣，因为"小狮子"本来就是一种让人好奇的动物，"木匣"也让人产生神秘感，这样的标题自然会激发我们的阅读兴趣。

3. 要有趣

如：《新型玻璃》、《地球万岁》等文章题目就非常有趣，想一想，只要一读题目就会想到，玻璃还有新型？为什么要喊地球万岁？有趣的题目，会更加吸引我们的眼球。

4. 优美

它不仅指题目的语言要优美，还包括意境的优美。如《和时间赛跑》、《桂花雨》、《我家跨上了信息高速路》等文章的题目，无不具有非常优美的语言和意境：谁竟然能和时间赛跑？什么叫桂花雨？信息也能成为高速公路？等等奇妙题目，会让我们产生丰富的联想。

159

怎样改好自己的作文

修改好自己的作文既需要耐心，也要有办法。

1. 朗读法

写好作文后，不妨自己一边读，一边想，一边修改。一般来说，只要自己绘声绘色地朗读几遍，就会发现有拗口、前后不连贯的地方，听起来不顺耳的地方，发现了这些问题后，修改过来即可。也可以把自己的作文读给别人听，包括同学、父母等，请他人提提修改意见或建议，也是提高作文水平的好方法。

2. 边抄边改

写好作文后，认真地抄写一遍，也能发现作文中不规范的标点，不通顺的语句，加深对自己作文存在不足的认识，使作文大为改观。

3. 比较法

修改作文时，可以与同学的优秀作文相对照，通过比较来发现自己作文中存在的欠缺，仔细琢磨怎么样把自己的写作水平提高上去。

4. 冷处理

作文写好后，不要急着修改，可以放一放，甚至几天后再来读一读，让写作的激情和冲动冷下来，最容易发现问题，甚至非常不满意自己的这篇作文，重新进行改写。

缩写要注意哪些问题

　　小学语文在培养学生作文能力中要求我们必须熟练地掌握"缩写"的方法，它是删繁就简，把一篇较长的文章压缩成短文章的写作形式。要求我们能巧妙、合理地挤去原文中的"水分"，保留原文的"精华"，既简明扼要，又文理畅通，独立成篇，能准确地再现原文的主题、风貌等。那么，缩写到底要注意哪些问题呢？

1. 不能改变原文的主要意思和基本情节

　　我们在缩写时，一定要反复阅读原文，掌握原文的主要意思，弄清楚原文的基本情节，在规定的字数内完整地体现原文的中心思想。

2. 不改变原文的体裁

　　原文的体裁是说明文，就缩写成说明文；是记叙文，就要缩写成记叙文。千万不能自作多情，改变原文的体裁。

3. 不改换原文的重要部件

　　这要求我们在缩写时必须保留原文的风貌，不能改换原文的主要事件和中心人物等，包括人称上也不宜随便更换。

161

4. 不改换原文结构

要注意保持原文的完整结构，做到脉络清晰，浑然一体，只做到压缩"水分"，尽量不要调整原文的结构。

为了做到以上几点，我们不妨先在原文上标出要保留的字、词、句、段，通过过渡，把要保留的文字联缀成文。当然，如果水平高一点，对原文比较熟悉，也可以在原文的基础上选择重点、重新组织，取其原意归纳概括。也可以适当更换或增减一些词语，语言要凝练，也可以更换、缩减原文的一些句式和段落。

怎样给一段话加标点

162

"给一段话加标点"也是我们小学生必须掌握的一项基本功。那么，怎样才能完成好这项任务呢？

1. 通读

先把整段话通读几遍，从总体上领会段意，了解这段话应该注意的停顿、语调、语气、语句结构等大概情况，为下一步加标点作些基础性工作。

2. 加好表示句子层次的标点

要分析语句的层次关系，如果是连续展开，表达了一个完整意思，一般要加上句号；是并列的，可以看成是一个大句子中的分句，一般要加上分号

 3. 加上表示语气或情感的标点

一般来说，陈述的语气可以用句号、分号等，而表示感叹、疑问语气的，要用上感叹号或问号。

 4. 加上特殊的标点

如果句子中有并列的词组、短句等，要加上顿号；表示引起下文或总括的，要加上冒号；表示引用或含有特殊意义、专门术语的，要加上引号；表示相互之间有补充解释、语音转折的，要加上破折号；表示语意没有说尽或语气连续的，要加上省略号；表示书名、篇名的要加上书名号。

 5. 检查

完成了以上几个步骤后，还要细心地再次通读全文，认真检查，进行修改、调整和完善，提高加标点的正确率。

163

你知道标点符号书写的正确格式吗

标点符号书写格式有几条约定俗成的规则，需要我们在写作时特别加以注意。否则，既影响书写的美观，也会影响语意的表达。

1. 顿号、逗号、句号、分号、冒号、叹号、问号，以及引号的后半部分、书名号的后半部分、括号的后半部分等，可以点在一行的末尾，其中前七种符号占一格，点在左下角处，后三种符号可同其他排在一起的标点合起来占一个字的位置。

要特别注意的是，以上这些标点符号都不能点在另一行的开头。

2. 引号、书名号和括号的前半部分等，可以点在一行的开头，不能点在一行的末尾，可以跟其他的符号合占一个字的位置。

3. 破折号和省略号等占两格，可以写在开头的两格，也可以写在一行末尾两格。不能拆开，分写在两行，要保持该符号的完整性。

抄写时，如果一句话写到一行最后一格，没有空格点标点了，可以把最后两三个字向前靠拢一点，让出最后的半格，把标点点上；或者把那句话最后几个字挪松一点，把最后一个字写在下一行的第一格，标点点在第二格。这样处理，也不会影响汉字书写的整体美感。

这里有你应该知道
的史地天文常识

"珠穆朗玛峰"是什么意思

珠穆朗玛峰位于我国青藏高原的喜马拉雅山山脉上，喜马拉雅山平均海拔有 6000 多米，8000 米以上的高峰有 16 座，其中最高的就是珠穆朗玛峰，它的海拔是 8844.43 米，是世界最高峰，有"世界之巅"之称。自古以来，我国藏族同胞把它视为崇高的"女神"。

传说中，青藏高原上有女神五姐妹，三姐住在最高峰上，它的名字叫珠穆朗玛，所以人们就把这座山峰叫"珠穆朗玛峰"，也叫它"第三女神"。珠穆朗玛峰在藏语中就是"女神"峰的意思。

166

珠穆朗玛峰是大海里"长"出来的

珠穆朗玛峰是世界之巅，是小读者最为熟悉的山峰。不仅小学语文课本《三叶虫化石》里有所介绍，而且在地理、社会中也有涉及。特别是学了《三叶虫化石》以后，有一个问题同学们最爱问：珠穆朗玛峰是大海里"长"出来的吗？

珠穆朗玛峰上有许多奇观，在海拔 5100 米的地方，分布着大片的冰川。在 5300 米的山谷地带，分布着大量的冰塔林，这是喜马拉雅山冰川的特有景色。在海拔 5600 米的冰天雪地里，生长着不怕冻的雪莲花和龙胆花，还有一些小动物，像甲虫、蜂、野鼠等。在海拔 6200 米的雪线以上，是一片被冰雪覆盖着的白色世界。科学家研究发现，珠穆朗玛峰并不是"生来"就这么高的。

在两亿多年前，现在的喜马拉雅山地区是一片汪洋大海，称为喜马拉雅海。到了新生代中期，由于地壳运动，喜马拉雅海发生了变化，海水向西南和东南退出，古海的历史逐渐结束。后来由于地壳运动，这个地区开始缓缓升高，经过几千万年的变迁，才形成地球上最年轻、雄伟和高大的珠穆朗玛山脉，成为地球之巅。可见，茫茫无际的大海，像变魔术一样，摇身一变，诞生了珠穆朗玛峰。

167

据科学家证实，珠穆朗玛峰还在继续地长高。

钱塘江为什么会有大潮

学习《观潮》一课，我们无不为钱塘江大潮的壮观而惊叹。那么，钱塘江为什么会有大潮奇观呢？

钱塘潮高达 8～9 米，潮水到来时，波涛撞击着海堤，飞溅的浪花，如雷的响声，堪称一绝。钱塘潮如此壮观的景色，是由于杭州湾口地形特殊而造成的。钱塘江河口内狭外宽，状似喇叭。在杭州湾湾口处江面宽达 100 公里，也就是说，海水刚进海口时，水面非常宽阔。但海水再往里进时，就受到河流两岸地形的约束，海水无法展宽，只有涌积起来。越积越高的海水，宛如一道直立的水墙，无比壮观。当后面的海水不断地涌入时，后浪推赶着前浪，一浪高过一浪，层层叠加，形成了举世瞩目的钱塘大潮。

潮汐是怎么一回事

《观潮》这篇课文写的是作者耳闻目睹钱塘江大潮潮来前、潮来时、潮退后的景象，写出了大潮的奇特、雄伟、壮观。那么，潮汐到底是怎么一回事？

潮汐是海洋中常见的自然现象之一。在我国，有闻名中外的钱塘江大潮和深入内陆 600 多公里的长江潮都是著名的潮汐景观。早在《山海经》中就说潮汐与月亮有关，十七世纪后期牛顿发现了万有引力定律，即宇宙间的一切物体都相互吸引，为潮汐的产生找到了理论依据：潮汐的产生就是由于月球和太阳对地球的引潮力作用引起的。在这一系统中，由于月球（又称太阴）离地球远较太阳近，虽然质量小，但它产生的引潮力比太阳大得多，是它的两倍左右。通常，地球上绝大部分地方的海水每天出现两次高潮和两次低潮，这种潮汐称为"半日潮"；有些地方，两次高潮与两次低潮的潮差很大，涨落时间不等，称为"混合潮"。有的地方一天只有一次高潮和一次低潮，高潮和低潮之间大约相隔 12 小时 25 分钟，称为"全日潮"。

　　掌握了潮汐的规律，对海边人民的生活有很大帮助。每逢农历初一、十五时，太阳、月球和地球三个天体差不多在同一条直线上，此时海水受到的引潮力最大，海水会涨得最高，落得最低，即大潮。到了初八（上弦）、二十三（下弦），太阳、月球、地球三者位置形成直角，此时太阳引潮力和月球引潮力两者合力最小，这时潮涨得不高，落得也不低，出现两次最低的高潮和最高的低潮。

169

双龙洞为什么那么出名

　　《记金华的双龙洞》是一篇游记，记叙了作者游览金华双龙洞的经过，依次写了路上见闻、游外洞、由外洞进入内洞、

游内洞等，情景交融，抒发了作者热爱祖国秀丽山河的思想感情。那么，双龙洞为什么那么出名？

一是双龙洞有着悠久的历史和著名的景点。双龙洞成为自然风景名胜的历史已有 1600 多年，虽然海拔只有 520 米，可是洞内景点很多，洞内钟乳石、石笋众多，造型奇特、布局巧妙、颜色各异，有"黄龙吐水"、"倒挂蝙蝠"、"彩云遮月"、"天马行空"、"海龟探海"、"龟蛇共生"、"寿星与仙桃"、"青蛙盗仙草"等 40 多种景观，幻化多变，令人目不暇接。

二是双龙洞留下了众多的名人脚印。洞内留有多处古今名人的墨宝。东晋以来就为世人所钟情，唐宋明清几度辉煌，文人墨客慕名而来，李白、王安石、孟浩然、苏轼、李清照等历史名人都为此留下佳作。旅行家徐霞客写下了 4000 多字的游记。现代文学家郁达夫、叶圣陶、郭沫若、艾青等都为双龙洞写过脍炙人口的名作。毛泽东、朱德、宋庆龄、彭德怀、陶铸、彭真等党和国家领导人也在此留下了足迹。

170

英法联军为什么要火烧圆明园

英法联军火烧圆明园犯下了不可饶恕的罪行。可是，这群强盗为什么要火烧圆明园呢？

据解秘资料显示，1860 年 10 月 6 日晚 7 点，法国军队首先抵达圆明园。10 月 18 日，英军统帅额尔金下令放火焚烧圆明园。事前，额尔金这个武断、野蛮的决策并没有得到盟军法国的同意，当时作为法军统帅之一的葛洛斯还曾经试图阻止额尔金的行为。悲哀的是，额尔金认定，圆明园是咸丰皇帝"最心爱的居所，摧毁它绝对会打击咸丰皇帝的自尊和他的感受"。

英军为惊吓、摧垮咸丰皇帝，在抢劫圆明园后，竟然将全园焚毁。

事实也正是这样，圆明园被烧是咸丰皇帝最痛心、也是他遭受到的最大的打击！当消息传到在热河避暑山庄的咸丰皇帝的耳中时，30 岁的年轻皇帝当场吐血在地，不久便在热河驾崩。临终时，他念念不忘圆明园……

171

洗劫圆明园的事在欧洲引起了广泛的注意。法国大文豪雨果表示："我们号称自己是文明人，认为中国人是野蛮人，这就是文明人对野蛮人所干的好事。"雨果愤怒地谴责他的国家与英国共同制造的这一暴行。他说："在历史的审判台上，一个强盗叫法兰西，另一个则叫英吉利。"

火烧圆明园以后，英法联军又威胁清廷：如果再不屈服就要攻入北京城内，将紫禁城也烧掉。在这样的形势下，清朝统治者马上跟英法联军签订了割地赔款的《北京条约》，换取侵略者的撤退……这就是英法联军火烧圆明园及其相关的耻辱史真相。

青海湖里也有"鸟的天堂"吗

《青海湖，梦幻般的湖》，课文描绘了高原湖泊青海湖神奇而壮丽的风光，表达了作者惊喜和赞美之情。那么，为什么说湖中的小岛也是"鸟的天堂"？

首先，课文最后充满激情地介绍了这个"繁荣昌盛的鸟的王国"，说明生活在青海湖的鸟儿特别多；其次，现实中的鸟岛每年五六月份，有斑头雁、棕头鸥、鱼鸥、赤麻鸭、黑颈鹤、鸬鹚等十多种、十多万只候鸟回到这里繁殖栖息，只要登上鸟岛，各式各样的鸟巢密密麻麻，各色的鸟蛋满地都是。抬头一望，群鸟翩然飞翔，遮天蔽日……第三，这里已经被国家设立为自然保护区，是真正意义上的"鸟的天堂"。因此，称青海湖的鸟岛是"鸟的天堂"名副其实。

172

"云横秦岭"是什么意思

《林海》一课讲了大兴安岭的岭"每条岭都是那么温柔"，"谁也不孤峰突起，盛气凌人"，没有"云横秦岭"的阴森恐怖。那么，"云横秦岭"是什么意思？

"云横秦岭"出自唐代文学家韩愈的诗《左迁至蓝关示

侄孙湘》，原诗是："一封朝奏九重天，夕贬潮州路八千。欲为圣明除弊事，肯将衰朽惜残年。云横秦岭家何在？雪拥蓝关马不前。知汝远来应有意，好收吾骨瘴江边。"这首诗是韩愈被贬潮州，走到蓝关（今陕西蓝田县），他的侄孙韩湘赶到后写的。诗的大意是：早晨我向皇帝呈送了奏折，晚上就把我贬到了八千里外的潮州。我上奏皇帝是为了除掉朝廷的弊端，怎么能为爱惜自己的老命而袖手旁观？来到蓝关，看到高高的秦岭，云在山腰处飘浮，就回望长安，不知自己的家在哪里。又值大雪纷飞，连马也畏惧不前了。你从远处赶来，正好跟着我到潮州为我送终。在原诗中，韩愈用"云横秦岭"说明秦岭高大险峻，令人望而生畏，衬托了自己受贬后的悲凉心情，而老舍在这里引用它，是说大兴安岭并不像令人望而生畏的秦岭，而是长满了树林的线条温柔的山岭。

"鸟的天堂"在哪里

《鸟的天堂》这篇优美的游记收录在我们小学语文课本里，影响深远，激起了许多小读者探秘的热情，希望一睹"鸟的天堂"的真容。那么，它在哪里呢？

"鸟的天堂"其实是一株有 500 多年历史的大榕树，生长在广东新会市南部七公里的天马村天马河的沙洲上。这棵奇特的大榕树的树枝垂到地上，婆娑的榕叶笼罩着 20 多亩的河面，树高约 15 米，榕树枝干上长着美髯般的气根，着地后木质化，抽枝发叶，长成新枝干。新干上又长出新气根，生生不已，变成一片根枝错综、扑朔迷离的榕树丛。这样，年复一年，风风雨雨，一枝连一枝，这棵大榕树竟然独木成林了，近看像原始森林，远望像浮在水面上的绿洲，堪称"南国奇观"。在这棵大榕树形成的森林里，栖息着成千上万只白鹤、麻鹤、灰鹤和其他鸟雀。白鹤、麻鹤朝出晚归，灰鹤则夜作昼息，它们相互更替，盘旋飞舞，掩映长空，井然有序，成了一个蔚为壮观、和谐幸福的"鸟的世界"。

1933 年，巴金先生乘船游览此地，被这棵神奇的大榕树吸引住了，感慨万千，写下这篇脍炙人口的《鸟的天堂》。更为有趣的是，巴金的这篇美文让"鸟的天堂"一举成名，享誉天下，不少游客因为读了巴金先生的这篇文章纷纷慕名而来！

174

为什么四月"桃花始盛开"

小学课本里有一篇唐代大诗人白居易写的《大林寺桃花》诗，读到"人间四月芳菲尽，山寺桃花始盛开"时同学们往往会产生疑问。一般情况下，三月（指的是农历）看桃花，到了四月桃花基本上早已凋谢，是不是诗人搞错了？

有一年，我国宋代著名科学家沈括在四月到大林寺去游玩，他意外地发现那时寺里的桃花开得正旺盛呢，说明白居易的诗句没有写错，是符合实际的。那么，为什么会出现这一现象呢？沈括出于对科学的探究欲望，仔细观察、分析，终于弄明白了桃花开得早晚跟地势、气温等有关。大林寺山势高寒，花开花落要比山外迟一些，所以才会有"四月桃花始盛开"这样的"反常"情况。

《长城》中的"垛口"、"了望口"、"射口"位置在哪里

175

《长城》一课中写道："城墙外侧有两米多高的垛口，垛口上面有了望口，下面有射口，是了望和射击用的。"那么，"垛口""了望口""射口"的具体位置到底在哪里呢？

据《漫话长城》一文介绍："长城外侧的迎敌方向，筑有两米高的齿形垛口，作为掩体。垛口上有了望口，下面有张弓发箭的射口。射口稍下倾，使敌箭无法穿透。"据说古时射口射程有三限：从射口上限射出的箭，可以命中敌人的心

胸以上及头部，称为"中头彩"；中限可射中敌人腰腹部，称"截腰箭"；下限可射中敌人的腿脚，称为"钉足箭"。可见，整个城墙顶部外侧建筑的两米多高的齿形墙，都叫"垛口"，不能只把它理解为一个"口"。了望口指齿形墙凹下去的部分，而射口就是指齿形墙上用来射箭的那个洞。

什么是长城

学习了《长城》一课以后，如果要问你，什么是长城，

也许你真会一时答不出来的。

长城是中华民族古老文化的丰碑和智慧结晶，是中华民族的血脉相承和民族精神的象征。1987 年 12 月，长城被列入《世界遗产名录》。什么是"长城"，至少可以从四个方面讲：

第一，长城是古代中国一项巨大的军事工程。根据历史记载，从公元前七世纪楚国筑"方城"开始，至明代（1368—1644）共有 20 多个诸侯国和封建王朝修筑过长城，如果把各个时代修筑的长城加起来，总长度超过了 5 万公里，如果把修建长城的砖石土方筑一道 1 米厚、5 米高的大墙，这道墙可以环绕地球一周有余，它包括全部由人工修建的墙体，也包括对陡山、深沟、湍流、大泽等自然地

形进行的简单的改造利用。第二，长城是一个由非作战阵地向作战阵地逐渐演变的产物。战国秦汉时的长城遗址中，根本没有长城墙体作为守卫阵地的痕迹，而金长城、明长城的墙体才出现了防御的特质，分布雄关、隘口，成千上万座敌台、烽火台等。第三，长城是中国古代军事观念的产物，它主要是针对使用冷兵器的中世纪军队，是火药未能大规模运用于摧毁敌方坚固城垒时的防御工事。第四，长城在今天成了旅游观光的胜地。特别是山海关、居庸关、八达岭、司马台、慕田峪、嘉峪关等处更是中外闻名，登高远眺，凭古怀幽，古战场的金戈铁马似乎就在眼前，成了与埃及的金字塔、罗马的斗兽场、意大利的比萨斜塔等齐名的古代世界七大奇迹之一。

177

《九月九日忆山东兄弟》
一诗中的"山东"究竟指哪里

　　学习古诗《九月九日忆山东兄弟》时，有的同学往往会以为"山东"就是今天的山东省，这对吗？

　　其实，唐朝时根本没有省的称谓，行省制度是到了元朝才有。可见，王维的《九月九日忆山东兄弟》一诗中的"山东"并不是今天的山东省。

古代的"山东"是按地域通称来说的，指的是华山以东（或崤山以东）的广大地区，也不是指太行山以东。以后，我们在学习古文时还会经常碰到"山东"这一地名，如果搞不清楚，就会增加学习和阅读的障碍。

《题西林壁》的"西林"在哪里

小学语文课本里入选的《题西林壁》是一首杂理诗，先写游览的总体印象是"横看成岭侧成峰，远近高低各不同"，最后写看庐山所悟出的道理是"不识庐山真面目，只缘身在此山中"，意思是要想认识事物的本质，必须客观全面地把握、观察，才不会被局部现象所迷惑。

这是宋代大诗人苏轼（1037—1101）给我们留下的一首名诗。苏轼，字子瞻，号东坡居士，眉州眉山人（今四川省），一生坎坷，屡遭贬谪。写这首诗时，苏东坡由黄州贬赴汝州任团练副使时经过九江，游览庐山。瑰丽的山水触发他的逸兴壮思，于是写下了这首庐山记游诗。诗中的"西林"指庐山的西林寺，位于庐山东林寺西，它创建于东晋年间，一直香火鼎盛，是庐山最古老的名刹之一。到了元朝，西林寺被战火烧毁，明朝又恢复重建。清朝的咸丰四年，即 1854 年又被毁，十一年再重建。可见，这座名寺也是屡遭不测，毁了修，修了毁，但至今还屹立在那里，见证着绵绵不绝的苦乐与沧桑。

《题西林壁》、《冬景》的作者为什么自号"东坡居士"

《题西林壁》、《冬景》的作者是苏轼，自号"东坡居士"时已经是 46 岁了。那么，他为什么号"东坡"呢？

179

原来，苏东坡是被贬到黄州以后才为自己取这个号的。苏东坡十分仰慕唐朝诗人白居易（字乐天），认为自己的境遇与他有相似的一面。当年，白居易被贬到四川省忠县任刺史时，曾在城东种植了一片树林，抱定了寄情于山水的思想，写下了许多表达闲情逸致的诗歌，并在诗中多处写到"东坡"这个地方，如《东坡种花》中写道"东坡春向暮，树木今何如"；《步东坡》中又写"朝上东坡步，夕上东坡步。东坡何所爱？爱此新成树"等等。在苏东坡心目中，自己也像白居易一样，得名于文章，也得罪于文章，所以被贬到了黄州后，决心学习白居易，淡泊名利，归隐山林，写下了"我似乐天

君记取，华颠赏遍洛阳春"等诗句，为自己取号"东坡"更有这层深刻的寓意。

香炉峰上有"瀑布"吗

《望庐山瀑布》是李白写的一首描绘庐山瀑布壮丽景色的诗歌，抒发了作者热爱祖国大好山河的感情。诗中有"日照香炉生紫烟，遥看瀑布挂前川"之句，那么，香炉峰上有"瀑布"吗？

游历过庐山的人都知道，缭绕的紫烟不是瀑布产生的水汽，而是山峰上冉冉上升的被阳光照射的云烟。"遥看瀑布挂前川"的瀑布是指"马尾瀑布"、"黄崖瀑布"，它们都不是在香炉峰上，而是在与香炉峰有一段距离的山崖上。诗人把庐山的风光融为一体，并非是指瀑布的具体地点。

《宿建德江》中的"建德江"在哪里

《宿建德江》是唐代诗人孟浩然所写，描写的是行船停靠在建德江中的一个烟雾朦胧的小洲边，夜暮时分，旷野茫茫，诗人触景生情，勾起了游子的愁绪、羁旅的惆怅。那么，"建德江"在哪里？

建德江就是新安江，位于浙江省的西北部，源头出自安徽省的黄山。它滚滚东流进入浙江省境内，然后经淳安至建德与兰江合流，向东北再流入钱塘江。建德江干流长达261公里，江水清澈，夹江翠冈重叠，山势千姿百态，非常秀丽迷人。

大理三塔寺在哪里

181

《大理三塔》是我们课本中选编的阅读材料，描写了云南著名的景点——大理三塔。这篇短文，先介绍了大理三塔的位置及周围环境，然后具体描述三座塔，详写了大塔，略写了位于大塔西的两座小塔，最后以大理三塔的价值来总结全文。那么，大理三塔在哪里？

大理三塔寺就是崇圣寺，在云南省大理县城西北。寺内有三座砖塔鼎足矗立，气势雄伟。三座塔中有一座大塔，建于南诏保和时期（824—839），南北两座小塔建于五代。离崇圣寺不远，就是著名的础石街，以大理石出名。

你知道《挑山工》中那些地名的有趣来历吗

　　《挑山工》是一篇精读课文，主要讲挑山工登山，虽然身担重物、走的路程比游人多一倍，但速度并不比游人慢，揭示了一个意味深长的哲理：无论做什么事，只要坚持不懈地朝着一个目标，脚踏实地地做下去，就一定能达到目的。这篇课文中涉及许多有趣的地名，如"回马岭"、"五松亭"、"极顶"等。想一想，你知道它们的来历吗？

　　泰山是五岳中的东岳，长约200公里，主峰是玉皇顶，位于山东省泰安市以北。泰山突兀峻拔，雄伟壮丽，秦皇汉武等多位古代帝王曾来这里举行封禅大典，祭告天地。泰山不仅有"旭日东升"、"晚霞西照"、"黄河金带"、"云海玉盘"等四大奇观，还有"回马岭"、"五松亭"、"极顶"等著名的游览点。

　　"回马岭"：从泰山南麓拾级而上，路途有一石牌坊，上面刻写着"回马岭"三个大字。相传宋真宗赵恒（998—1022在位）当年乘马登临泰山时，来到这里后发现山势越来越陡峭，几乎是笔立的，马无能行走了，只好策马返回，所以就叫这个地方是"回马岭"。

　　"五松亭"：据《史记》记载，秦始皇二十八年（公元前219年），始皇东巡，在登泰山时，风雨突起，一班人马不得不在这五棵高大的松树下躲风避雨。后来，秦始皇赐封给这五棵松树爵位是"五大夫"。树旁边有供游人休息的小亭子，人们叫它是"五松亭"。

"极顶"：也叫玉皇顶，还叫天柱峰，海拔 1524 米。在泰山的主峰上建有玉皇殿，殿墙上有"泰山极顶"砖刻。玉皇殿的院内有数石突起，并用石栏围了起来，这就是著名的泰山"极顶石"，所以人们把泰山的主峰叫"极顶"。

《西游记》中的花果山在哪里

《猪八戒吃西瓜》这篇略读课文是根据古典小说《西游记》中的人物，重新创作的一个有趣的童话故事。爱读课外书的小读者也因此会涉猎《西游记》，并会好奇地问：真有花果山这么神奇的地方吗？它在哪里？

虽然花果山、水帘洞等是《西游记》作者吴承恩（约1500—约1582）的奇巧构思，但它是有所依据的。经过专家考证，花果山的原型是当今江苏连云港市境内的花果山，是云台山山脉中的一座山峰，其中极顶是玉女峰，也是江苏最高峰。吴承恩生活的年代，云台山还是一座孤岛，被称为海内四大灵山之一。

　　吴承恩字汝忠，号射阳山人，江苏淮安人。他出身于没落的商人家庭，长期依靠卖文为生，与百姓生活"零距离"，因而产生了讽刺社会黑暗的创作动机，创作了神话小说《西游记》。这部小说是吴承恩中年时开始构思的，为了完成这部巨著，他曾考察过云台山。这座烟雨缥缈中的灵山，不仅有古老的水流不断的水帘洞，还有许多象形石，如石猴出世的仙石、活像猪八戒头像的"八戒石"，以及七十二洞等。可以说《西游记》虽然是神话小说，但是吴承恩创作《西游记》还是以现实为根据的，许多场景在现实中能找到依据或原型。

184

为什么说"白帝城里无白帝"

　　李白的那首千古绝唱《早发白帝城》让白帝城成了妇孺皆知的名城，它位于重庆奉节县瞿塘峡口的长江北岸。

　　白帝城自古雄踞水陆要津，是历代兵家必争之地。西汉末年公孙述占领了蜀地，在山上筑城。为了称帝，他让亲信秘密地制造舆论，散布谣言，说城内白鹤井里，近日常有一股白气冒出，宛如白龙腾空，这是"白龙献瑞"，预兆这方土地上要出新天子了。然后，公孙述在公元 25 年正式称帝，自号"白帝",改子阳城为"白帝城",改城池所在的这座山为"白帝山"。到了公元37年,东汉开国皇帝光武帝刘秀发兵攻蜀,公孙述被打败,战死疆场。蜀人为记念为位"白帝",特地在白帝山上修建了一座庙宇,并供奉"白帝像",也就是现在的白帝庙。到了明代,公孙述的塑像被毁弃,庙内供奉的是刘备、诸葛亮、关羽和张飞的贴金塑像。从此,有了"白帝城内无白帝,白帝庙祭刘先帝"之说。

其实,白帝城是一座"诗城",历代著名诗人李白、杜甫、白居易、刘禹锡、苏轼、黄庭坚、范成大、陆游等都曾登临白帝城,留下了大量诗篇。现在,随着三峡水利工程的修建,使水位抬高,白帝城成了一座四面环水的天然小岛,景色迷人,宛如仙境。

185

"五彩池"为什么会有"五彩"

《五彩池》这篇精读课文生动地描写了五彩池美丽的景色,赞美了大自然的神奇,表达了作者对祖国大好河山的热爱之情。那么,五彩池为什么会有五彩呢?

虽然我们课本里对"五彩"的来由作了一些介绍,如:池底长着许多姿态各异、高低不同的石笋;阳光的折射;池边茂盛的树木花草在池水中的倒影，使池水瑰丽多彩。其实，原因也不仅仅是这些。

五彩池海拔 3900 米，也是黄龙景点的最高处，被誉为"人间瑶池"。除课文里所讲的原因之外，还由于池水透明度高，湖底的灰白色钙华、黄绿色藻类对透射光的选择性吸收和反射，再加上池水对太阳光的散射、反射和吸收等作用，才会造就"五彩池"这样神奇的景观。

西沙群岛有什么特点

《富饶的西沙群岛》这篇精读课文，介绍了位于我国南海的西沙群岛的美丽和富饶。那么，西沙群岛有什么特点？

西沙群岛是我国的南大门，地理位置非常重要，自古是我国的领海，是我国的海防前哨。主要特点有：一是岛大。西沙群岛是我国南海中四大群岛之一。它位于海南岛东南 330 公里处，有宣德、永乐两岛群和其他岛礁。主要岛屿有永兴岛、赵述岛、珊瑚岛、甘泉岛、中建岛、东岛等，以永兴岛为最大。多为椭圆形珊瑚岛、礁。二是水美。西沙群岛一带的海水特别美丽，水质的颜色异常鲜艳，是一般的海水所无法相比的。这里终年高温多雨，长夏无冬，岛上植被茂盛，海底有多彩的珊瑚虫，从海滩、海面，到海底，把海水映衬得五彩缤纷。三是海产多。这里热带资源丰富，盛产鱼类、鸟粪、海参、海龟等。每到渔汛，海南、湛江等地的渔民都来这里捕捞。

冀中的地道战有遗址吗

　　《冀中的地道战》是一篇略读课文，主要从冀中地道战的出现原因、作用、地道的样式结构及特点等方面进行了详细介绍和说明，并对冀中地道战作了高度评价，热情颂扬了人民群众的无穷智慧和顽强的斗志。那么，冀中地道战现在有遗址吗?

　　冀中地道战是我国抗日战争史上的一个伟大的创举。现在河北省清苑县城南十五公里的冉庄村，保留了地道战的遗址，成为人们参观游览的著名场地。

　　冉庄的地道全长原有三十多里，以村中十字街为中心，有东北西南四条主干线，沿干线又有东西支线十一条，南北支线十三条，通往野外和连接他村的地道还有四条，可谓四通八达。

　　冉庄的地道主干道高 1～1.15 米，宽 0.7～0.8 米，上

187

面距地面约有二米。地道里有照明的油灯、指路牌等。十字街道口的地道是大本营，设有作战指挥部、休息室、厕所等。地道口下设有陷阱。出入口都设在隐蔽处。高层及地面上以庙宇、碾子、柜台、烧饼炉、街垒等形式伪装的作战工事均与地道相通。

地道主要作用是用来作战和隐蔽。在抗日战争和解放战争中，冀中军民借助地道进行了一百五十余次大小战斗，其中五次规模较大的地道战就毙伤敌人一百六十三人，为保护自己、打击敌人发挥了巨大作用。

188

鹳雀楼上有鹳雀吗

王之涣（688—742），字季陵，晋阳（今山西省太原市）人，唐代著名诗人。他的描写边疆风光的作品很有特色，其中诗以《凉州词》和《登鹳雀楼》最为出名，后一首被选入了我们的小学语文课本里。那么，鹳雀楼上有鹳雀吗？

《鹳雀楼》是一首古诗，前两行是写诗人登上鹳雀楼所看到的，后两行是写由景想到的，揭示了"站得高、看得远"这一哲理，表达了诗人积极向上的精神。在诗中，作者写了"白日"、"山"、"黄河"等景物，并没有写鹳雀。其实，鹳雀是黄河滩上常见的一种水鸟。与同样生活在黄河滩上的天鹅、白鹭、灰鹤、苍鹰相比，鹳雀的知名度并不高，只是王之涣的《登鹳雀楼》让这种小鸟一举成名，在黄河滩上看鹳雀也成了一道风景。

鹳雀楼与武昌黄鹤楼、洞庭湖畔岳阳楼、南昌滕王阁齐名，被誉为我国古代四大名楼。它的旧址在山西省永济县，一共有三层，在楼上可以望见雄伟的中条山和浩浩荡荡的黄河。当年，这座三层小楼上经常有鹳雀停留在上面，所以人们叫它鹳雀楼。据资料记载，鹳雀："大型涉禽，形似鹤亦似鹭，嘴长而直，翼长大而尾圆短，飞翔轻快。常活动于溪流近旁，夜栖高树。主食鱼、蛙、蛇和甲壳类。我国一类保护动物。"可见，鹳雀长得并不美丽，但是王之涣的诗为它赢得了美誉度，在无数读者的心目中永恒地荡漾着爱的涟漪。

189

天安门是怎么建成的

天安门现在是我们伟大祖国的首都北京的象征。天安门最初并不叫这个名字，原来的面貌和现在的模样儿也不是完全一样的。

1368 年，朱元璋建立明朝时，他把南京作为都城，而把

元朝的都城改名为北平。1403 年，燕王朱棣夺取了他侄儿的皇位，迁都北平，并把北平改名叫北京。朱棣在重建北京城时，修筑了里里外外三圈高大的城墙，最外面一圈城墙以内的叫都城，中间一圈城墙以内的叫皇城，最里面的一圈城墙以内的叫宫城，也叫紫禁城，而且把都城的南墙向南移动了一里多。在元朝大都城南门丽正门的位置上，重建了皇城的正门。这是一座三层楼式的木牌楼，叫"承天门"。到了顺治八年，即 1651 年，清朝统治者重建皇城正门，并把它改为天安门。这就是我们今天所看到的天安门。

风风雨雨三百年了，天安门屹立在北京的中心，成为首都的标志。

190

开国大典时为什么是 54 门礼炮共 28 响

学习了《开国大典》一课以后，不少同学会问：为什么开国大典时，是 54 门礼炮，共 28 响？

原来，"54 门大炮齐发"有它的象征意义，"54 门礼炮"它代表我国 54 个民族，54 个是根据当时的统计数字，现在我国有 56 个民族；"28 响"标志中国共产党领导中国人民英勇奋斗的 28 年。

卢沟桥的狮子到底有多少只

《卢沟桥的狮子》是一篇看图学文，重点介绍了卢沟桥的狮子，除了形态各异，变化万千外，还有一个特点是大大小小的狮子多得数不清。那么，卢沟桥的狮子到底有多少只呢？

卢沟桥位于北京西南广安门外，因横跨卢沟河（今永定河）而得名，是北京现存最古老的一座石造拱桥。关于卢沟桥的狮子数量，小学试用版课本说是498只，可是修订版又改为501只。那么，为什么修订时会增加了3只？据卢沟桥文物保护所研究人员侯金涛先生解释，在1988年的一个雷雨之夜，雷电劈掉了桥上的一只狮子，这只石狮上还有两只小狮子。所以以后的统计就没有了这3只。到了1998年，卢沟桥进行大规模的修复，这3只劈掉的石狮子也被修复，于是，狮子的数量又变成了501只。

191

卢沟桥和卢沟桥事变是什么关系

学习了《卢沟桥的狮子》一课以后，爱读课外书的同学心中都会有这样一个疑问：卢沟桥和卢沟桥事变是什么

关系？

事情是这样的：1937 年之前，日本侵略者早就对我国虎视眈眈，想吞掉我国，并多次借机寻找侵华的借口。1937 年 7 月 7 日，侵华日军以听到位于卢沟桥畔的宛平城里有枪声，一名日军士兵失踪为由，无端要求当时中国驻军撤离宛平，让他们进城搜查。面对日军的无理要求，我国驻守卢沟桥的军队予以拒绝。正交涉之际，日军又向宛平城射击，继而炮轰卢沟桥。我国军队忍无可忍，奋起反抗，打响了抵抗日本侵略者的第一枪。这就是著名的"七七事变"，它拉开了中国人民奋勇抗日的序幕。由于"七七事变"发生在卢沟桥，所以又叫"卢沟桥事变"。至今，卢沟桥的望柱上当年日军的弹痕仍依稀可见。1981 年，我国建立卢沟桥史料陈列馆，对这段历史进行了图文并茂的记载和展示，以教育后人。

192

泸定桥上的铁索是怎样装上去的

《飞夺泸定桥》一课让我们对泸定桥的惊险留下了深刻的印象。它建于公元 1701 年，即康熙四十年。桥西是笔直的海子山，桥东衔接泸定县城，全长大约 103 米，是由十三根碗口粗的铁连环组成的。九根底链上铺着木板可以过人，四根链分在左右两边作为扶栏。每根都有八九百个环扣，重约三千斤左右。这样又重又长的铁链，在当时起重工具落后的情况下，是怎么样安装上去的呢？

据《小方壶斋奥地丛钞》记载，当地的工匠曾经先在东岸系上铁索，然后用小舟载着铁链往西岸驶去，遗憾的是，多次努力也没有成功。后来，一名高僧出了一个高招，用一条长长的绳子系在两岸，每根绳子上用十多个竹筒连贯起来，再把铁索从竹筒里穿过，缚上绳子，在对岸牵拉竹筒，竹筒游到对岸了，铁索也就顺利到达了。这就是著名的溜索法，使又长又重的铁链巧妙地跨河悬空架了起来。

193

今日的泸定桥是什么样子

泸定桥自红军"飞夺"后，名闻中外，解放后成为全国重点文物保护单位。

铁索桥东岸建造了一座"长征纪念馆"，桥西修建了一座"红军楼"。在泸定桥岸边还建造了"飞夺泸定桥纪念碑"。1985 年 5 月 29 日举行了奠基仪式，当时的中央军委主席邓小平同志题写了碑名，中央军委副主席聂荣臻同志撰写了碑文。碑文中写到："强渡大渡河和飞夺泸定桥的成功，打破了蒋介

石妄图把红军变成第二个石达开的反革命迷梦，是红军长征中具有战略意义的重大胜利之一。这再次体现了我英雄红军无限忠于人民革命事业的大无畏精神。"

据 2006 年 10 月 7 日《扬子晚报》的《13 根铁索串起英雄史诗》这篇文章报道，1935 年 5 月 29 日下午 4 时，红军部队开始夺桥，到了黄昏时终于夺下泸定桥，22 名勇士中有 4 人光荣牺牲。这些英雄们受到了奖赏，每人得到了一套列宁服、一个日记本、一支钢笔、一个搪瓷碗、一个搪瓷盘和一双筷子。这也是当时红军所能得到的最高奖赏。可惜，由于当时的环境特殊，22 人里留下名字资料的没有几个，他们都是无名英雄。

现在，每当人们扶着铁索从桥上慢慢走过，感受着铁链左右剧烈地摇动，看着脚下奔腾咆哮的大渡河水，听着震耳欲聋的涛声，遥想当年红军战士飞夺泸定桥、强渡大渡河那惊心动魄的一幕，总会感慨万千，浮想联翩，深深感到今天的幸福生活来之不易，也倍加珍惜这大好时光。

194

上甘岭战役是一场什么样的战役

《黄继光》一课中发生的战争背景就是著名的上甘岭战

役。那么，这到底是一场什么样的战役？

关于这次战役的开战、结束时间，以及火力炮击，伤亡人数等，由于我志愿军受到条件限制，记录得很简单，有的数字也不精确。现在，据美国军方解密资料显示，战前，美军原计划使用两个营的兵力，用 5 天时间，伤亡 200 人的代价拿下上甘岭。然而，战争却持续了 43 天，在这弹丸之地，双方投入了近 11 万大军，19 个步兵团——以美国为首的"联合国军"投入兵力 6 万人，志愿军投入兵力近 5 万人。

战役开始的时间，国内有的说是凌晨 3 点的，也有说是 4 点的，但是美国军方的资料记载得非常清楚，开战时间是 1952 年 10 月 14 日凌晨 5 点 44 分。战役结束准确日期是 11 月 25 日，而我国《上甘岭》电影里则说成了"11 月 11 日，我们终于胜利了，敌人又要在板门店坐下来，他们不能不坐下来"！开战第一天，我们估计"联合国军"投入的兵力是 7 个营，事实是 3 个营加一个连，"因为这个 3.7 平方公里陡峭的小山，根本容不下 7 个营，而且只有一条上山的路"。

195

综合以上情况，我们对这场战役的战况应该有了基本的了解和认识。

志愿军为什么要死守上甘岭

　　1952 年 10 月 19 日上甘岭战役中，黄继光所在的营奉命再次反击 597.9 高地。当连续攻下敌人数处阵地后，部队在零号阵地半山腰被敌机枪火力点压制，前进受阻。危急中，黄继光挺身而出主动承担爆破任务，后来身上 7 处负伤，手雷全部用光，为了减少战友的伤亡，忍着巨痛用自己的胸膛堵住正在扫射的敌人的机枪眼……这是一场多么残酷的战争。那么，志愿军为什么要死守这个上甘岭呢？

　　上甘岭位于五圣山南面，高 597.9 米，被称为 597.9 高地，虽然海拔不高，但地理位置处在前沿。美军多次进攻却拿不下高地，十分恼火，志愿军寸土不让，所以反复冲杀，战火越烧越旺，双方投入兵力越来越多，战争规模也随之不断升级。山上的土全被打松了，一脚踩下去就没到膝盖，机枪都架不起来……。这是一场军事史上罕见的苦战。最后，以美军失败而告终，美军再也不敢发动营以上规模的战役了，而且上甘岭战役加快了抗美援朝战争停战谈判的进度。

196

你知道黄河大铁牛的真相吗

《捞铁牛》中写了黄河大铁牛，许多同学都想知道铁牛的"真相"。

黄河大铁牛铸造于唐开元年间，是作浮桥地锚用的。宋朝末年，浮桥被金军烧毁。后来，大铁牛也渐渐被泥沙埋没。直到1989年，人们才从黄河古道中挖出这四只大铁牛，每只都重达数十吨。四只铁牛一只只膘肥体壮、肌肉隆起、圆目怒睁、威风凛凛，相貌彼此相似又各有差别，无不栩栩如生。

1991年12月8日，黄河大铁牛的复制品在北京的中国历史博物馆展出，引起了许多媒体和游客的关注。1992年11月26日，这些复制品还走出了国门，在意大利罗马博览会大厦展出，使黄河大铁牛闻名世界。

197

捞铁牛发生的时代背景是什么

黄河是中国第二大河，发源于青藏高原巴颜喀拉山的北麓，曲折东流，注入渤海，它全长5500公里，从上游到下

游，就像一个巨大的"几"字形，流域面积达 75 万平方米。在它形成的 2000 多年时间里，溃堤泛滥达 1500 多次，其中大的改道就有 26 次。每当汛期来临，泛滥的黄河水就像凶猛的野兽，一路狂吞猛夺，不可阻挡，不知冲毁多少桥梁、良田……

公元 1066 年的宋朝年间，黄河再次发大水，冲垮了河中府（现在属于山西省永济县）城外的一座浮桥。这座浮桥是用许多空木船一艘连着一艘排起来，从这个岸边通向那个岸边的，上面还固定着许多木板，不论是行人还是通车都很方便。当时建造这座浮桥的时候，官府也是费了不少心思的。为了不让浮桥移动，就在两岸铸造铁牛以固定浮桥。并且牛身铸有小铁山，"入地丈余"，像个大铁桩，牛前另有一铁柱，可系铁链，在铁牛旁边还铸了一个铁人。据推测，每头铁牛约有三立方米，总重约四万至五万二千斤，放在两岸，从而把浮桥拴牢。可是，这场大水过后，不仅浮桥被冲毁，连八只铁牛也被冲到河中的淤泥里。洪水退后，当地的州官想重新修建浮桥，可是铁牛已经深深的陷在河底泥沙里……这就是怀丙和尚捞铁牛故事的时代背景。

198

怀丙捞铁牛的科学依据是什么

《捞铁牛》这篇精读课文，讲的是宋代和尚怀丙利用水的浮力把陷在河底淤泥里的八只铁牛打捞上来的故事，反映了我国古代科学技术成就以及劳动人民的聪明智慧。那么，怀丙捞铁牛的科学依据是什么？

怀丙用的是看不见身影的"大力士"，那就是水的浮力。装满泥沙的大船很沉，吃水很深，排水量很大，向上的浮力与大船和泥沙的总重力相等。大船拖到铁牛后把泥沙铲去，浮力就大于船的重力，船就自然而然地向上浮起，慢慢把铁牛拉起来，最终拉出了水面。当铁牛离开河底，水的浮力又把它轻轻托起，这样，船就可以把它拖着在河里前进，最终达到岸边。

什么是"浮筒法"

现代人打捞沉船的"浮筒法"与怀丙的方法如出一辙。人们先把打捞工程船弄到沉船的水域，利用体积很大的密封钢筒——浮筒来打捞。打捞时，先在筒里灌满水，让浮筒沉下去，潜水员再潜到水底，把浮筒拴牢在沉船上，再开动空气压缩机，把筒里的水排出去，就像怀丙让船工把船里的泥沙铲去一样，最后把沉船打捞上来。

几年前，美国也出现了一个怀丙式的人物，他叫赫里

斯·斯科特，年仅 30 多岁。有一年，他向一家化学公司购买了 4500 个结实的塑料袋。他带着这些袋子下潜到海底，把口袋结结实实地绑到了 14 年前沉没的"路易公爵"号沉船上，再通过软管把压缩空气打进口袋里，借助这些口袋，终于让沉船浮出水面，成为轰动世界的奇事。

怀丙是一个什么样的人

怀丙和尚打捞铁牛的故事在中国流传很广。那么，怀丙是一个什么样的人？

怀丙和尚是北宋出色的工程家，出生在河北真定（今河北正定县）。据史书记载，怀丙和尚聪明善思，曾多次解决当时谁也解决不了的工程难题。当时，真定县有一座 13 级宝塔，中间的柱子坏了，宝塔向西北倾斜，怀丙和尚另做一根柱子，把坏柱子换下，把宝塔扶正了。在当时引起了不小的轰动。还有一次，赵州河石桥歪斜欲倒，怀丙和尚说，往桥下石头中灌铁，可以扶正。乡民们相信怀丙的话，纷纷踊跃地捐助石块。怀丙和尚在石头上凿洞，熔化铁水横贯其中，果然扶正了石桥，令乡民们敬佩万分，传为佳话。

谁献出在游船上
开"一大"的"金点子"

《南湖》一课简要生动地介绍了中国共产党在浙江嘉兴南湖的红船上召开一大会议的情景。那么,是谁献出了这个"金点子"?

史料记载,出席党的一大代表们当年从上海北站坐早班火车到嘉兴,而后由一大正式代表李达的夫人王会悟(1898年7月8日～1993年10月28日,祖籍乌镇,父亲王彦臣是晚清秀才)带领,坐摆渡船到湖心岛,再由小拖梢船接上王会悟预雇的开会游船,最终在这条游船上完成了党的一大全部议程,胜利闭幕,庄严宣告中国共产党成立。

起先,党的一大会议是在上海的一座私人住宅里召开的,王会悟负责会务。据王会悟的回忆录介绍,当年出席党的一大的还有共产国际代表马林和赤色职工国际的代表尼可尔斯基。那天,李达要求王会悟把马林和他的翻译扬明斋护送到会场,然后在楼下照看门户,观察动静。突然,王会悟看到一个陌生人,从厢房出来往楼上走,她立即叫住他,问他是谁,李家的厨师答话说,他是佟少爷的同学。她觉得这事有些蹊跷,就进屋告诉了扬明斋。马林警惕性很高,立即拿东

201

西要走，张国焘却认为他大惊小怪，还批评王会悟把会场给吵散了。可是，散会不久，法国巡捕果然来了，好在李汉俊用法语巧妙地对巡捕说："上午是我几个朋友在此讨论十九世纪文艺复兴运动，争论起来了，惊动了你们，对不起！"巡捕寻查半天，没发现什么异常，只有悻悻地走了。这时，大家都认识到在上海已经不能开会了，可是到哪儿继续把会开完呢？代表们意见不一。

最后，王会悟想到家乡嘉兴的南湖，游人少，好隐蔽，就建议到南湖去包一个画舫，在湖中开会。李达去与代表们商量，大家都同意了这个意见。后来，王会悟作为具体安排事务的工作人员先到嘉兴找旅社租了房间，作为代表们歇脚的地方，又托旅社雇了一艘中等画舫，订了一桌午餐。代表们上船前，她还出主意，让代表带了一副麻将牌。"一大"代表们上船时，王会悟和他们约定，只要她一敲舱板，他们就得打麻将。代表们在舱中开会和吃饭时，她始终坐在船头放哨，见有其他游船靠近或出现巡逻艇时，就哼起嘉兴小调，用一把纸扇的柄敲敲船板，代表们接到信号就把麻将搓得劈里啪啦地响，有的还"七索"、"八万"地喊着……经过这番巧妙安排，党的第一次代表大会在游船上开了一天终于胜利闭幕。

杀害李大钊的凶手是怎样落网的

《十六年前的回忆》一课通过对李大钊被捕前到被捕后的回忆，展示了革命先烈忠于革命事业的伟大精神和面对敌人坚贞不屈的高贵品质，表达了作者对父亲的敬仰与深切的怀念。李大钊同志被捕并惨遭杀害，给中国革命带来了不可估量的损失。那么，杀害李大钊的凶手是怎样落网的呢？

1949 年 2 月 2 日，北京市公安局七分局局长朱文刚带领 8 名公安人员和中央警卫团一个班的战士，前去功德林监狱办理接管事宜。在清点物品时，朱文刚意外地发现了一座绞刑架，从一名狱警口中听到它曾绞死共产党首领李大钊。朱文刚一听，立刻把这一情况反馈到市公安局，局长谭政文随即向市委书记彭真作了汇报。这座绞刑架也成了北平文物接管组接管的第一件重要文物，是杀害革命先驱李大钊的凶器，所以编为 0001 号，现在存放在国家博物馆。

随后，彭真下指示要抓捕主要凶手。有一天，侦破小组从接管下来的敌伪档案中查到了一条重要线索，在 1927 年伪北平警察局一份关于授奖晋级的档案里，发现了吴郁文的名字。当年，他任伪京师警察厅侦缉处处长，因在抓捕李大钊等人的行动中有功，与京师警察厅总监陈兴亚受到特别奖赏。想不到，反动派的授奖名册及证书，日后成了罪恶的证据。

203

为抓捕吴郁文，侦查员们骑自行车走街串巷，查伪户籍资料，深入居民查访，经过艰苦缜密侦查，于 1951 年 6 月 20 日在旧鼓楼大街 4 号把 69 岁的吴郁文抓捕归案。当时，吴郁文化名吴博斋。被捕时，吴郁文深知，欠下李大钊等革命先烈的血债已经到偿还的时候了。审讯中，吴郁文把策划实施抓捕李大钊等人的详情供了出来，人民法院根据他所犯罪行，判处其死刑。后来，伪司法处长蒲志中到公安局自首，陈兴亚、雷恒成等也相继被抓获，逐一伏法。至此，杀害李大钊的凶手全部落网，正义的审判终于告慰了李大钊等革命先烈。

204

牵牛与织女能相会吗

《牛郎织女》这篇课文是一个中国民间故事，曲折生动，跌宕起伏，反映了古代劳动人民对封建恶势力的反抗和对美好幸福生活的追求。牛郎织女的故事大约在东汉末年形成，产生了牛郎织女天各一方、一年相会一次的情节。其实，在晴朗而苍茫的秋天夜晚，我们抬头仰望是能够看到牵牛星和织女星的：

在银河系的东西两侧可以看到两颗最亮的星星，就是牵牛星、织女星。虽然，牵牛星、织女星看来只有"一水之隔"，其实距离甚远。两星相隔约16光年。它们跟太阳一样，都是恒星。两星的位置是不变的，也永远没有相会的可能和机会。因此，只能说这个神话故事寄托了人们对美好爱情的向往和追求。

早晨的太阳
看起来为什么较中午时大

　　《两小儿辩日》是一篇寓言故事，也是一个家喻户晓的知识故事。关于太阳为什么早晨大、中午小这样的问题，就连博学的孔子也答不出来。虽然全文仅一百多字，却能给人多方面的启示。让我们来分析一下，为什么早晨的太阳看起来比中午要大一些。

　　从科学的角度来看，这与视觉、色彩等有关。第一，这是视觉造成的误差。同一个物体，放在比它大的物体群中显得小，而放在比它小的物体群中显得大。早晨的太阳刚升起来，背景是黑乎乎的地平线、树木、房屋、远山及一小角天空，在这样背景的衬托下，太阳就显得大。到了中午，太阳孤零零地高挂在天空，衬托它的是无边无际的高空，太阳在人类的视野中就会显得小一些。第二，这是色彩造成的误差。

205

物理学中有一个叫"光渗作用"现象，指同一物体，白色的比黑色的显得大些，就像穿白衣服显得胖，穿黑衣服显得瘦是同一个道理。早晨太阳初升时，背景是黑沉沉的天空，太阳格外明亮，这时看太阳就显得大一些；中午时，背景是万里蓝天，太阳与天空的亮度没有太大的反差，就显得小些。

中午的太阳是不是离我们更近

《两小儿辩日》这课里讲："太阳刚出来时清清凉凉，等到正午时就热得像把手伸进热水里一样，这不是近的时候热而远的时候凉吗？"这话有道理吗？是不是中午太阳离我们比早晨更近一些？

其实，这与太阳离地球的远近没有关系，主要是照射的角度不同。早晨太阳是斜射大地，中午太阳是直射大地。在相同的时间、相等的面积里，直射比斜射热量高。同时，在夜里，太阳光线照射不到地面上（照射在地球的另一面），所以初升的早上的太阳让人感到凉快；中午，太阳的热度照射到地面上，经过一个上午的烤晒，能量积蓄，地球表面的温度升高了，所以中午的太阳感到特别热。温度的凉与热，气温的高与低，并不能说明太阳距离地面的远与近，地球不仅自转，还要绕着太阳公转，地球是个椭圆形球体，不论是早晨，还是中午，地球距太阳的距离远近都是一样的。

为什么太阳
与月亮看起来大小一样

学习了《看月食》以后，我们不会再被"天狗吞月"这类迷信思想所误导了，知道太阳、地球、月亮是宇宙中的三个星球。这三个星球，太阳自己在不停地转动；地球在自己转动的同时绕着太阳运行，自转一圈是一天，绕太阳转一圈是一年；月亮是地球的卫星，自己转动，同时绕地球转，转一圈是一个月。当地球运行到太阳和月亮中间时，太阳的光正好被地球挡住，不能射到月亮上去，月亮上就出现了黑影，这种现象叫月食。太阳光全部被地球挡住时，叫月全食；部分被挡住时，叫月偏食。可是，喜爱观看天象的同学都会注意到，月球的大小跟太阳看起来差不多，或者说，太阳与月亮感觉起来是一样大的。这是为什么呢？

天文学家经过长期观察研究后发现，太阳距离地球的距离刚好是月球距离地球的 395 倍，而太阳的直径也刚好是月球的 395 倍，所以在地面上看到的月亮，就恰好像太阳一样大小了。

第一次登月有哪些"秘密"

　　小学语文中的《捞月亮》、《古朗月行》等课文相继为我们揭开了一些月球的秘密，但是真正登临这颗星球的还是1969 年发射的美国的"阿波罗 11 号"宇宙飞船。当年，它巧妙地躲避了太阳辐射、太空垃圾等意外致命伤害，成功地第一次踏上了这块神秘的土地。那么，第一次登月有哪些鲜为人知的"秘密"？

 ### 1. 观礼的贵宾"躲"在哪儿？

　　发射"阿波罗 11 号"的运载火箭装载的燃料一旦爆炸，能把 45 公斤重的物体抛出 4.8 公里远。为了防止意外，美国宇航局把参加观看仪式的贵宾们安排在距发射台 5.6 公里之外的位置。

2. 第一个在月球如厕的人是谁？

　　如果说，宇航员阿姆斯特朗是第一个在月球漫步的人，那么，奥尔德林就是第一个在月球如厕的人。当时有无数观众在收看电视直播，都看到了奥尔德林通过太空服内的管子解决了"方便"问题。

3. 什么是"人类的一小步"？

1969 年 7 月 21 日，美国宇航员阿姆斯特朗成功登临月球。在迈出太空舱、踏上月球的那一刻，人类第一位月宫使者向全世界发出了激动无比的慨叹："这是个人的一小步，却是人类的一大步"。事实上，阿姆斯特朗驾驶登月舱着陆时，动作过于柔和，减震器没有打开，他只能从梯子上跳下 1 米，才站到了月球表面。这意味着"人类的一小步"其实并不小。

4. 登月舱门外面有没有把手？

没有，当奥尔德林随阿姆斯特朗踏上月球时，必须确定没有把舱门关上，因为登月舱上没有从外面开门的把手。一旦关上，也许他们就只好永远"留"在月球上了。

209

5. 登月舱曾偏离预定着陆点吗？

当"鹰"号登月舱在和飞船分离时，没有充分减压。宇航员意识到这一点时，登月舱已偏离了预定着陆点 6.4 公里，正飞向一个乱石堆。万分危急之际，为了不和月球岩石相撞，宇航员紧急采取措施，在燃料几乎耗尽前终于安全着陆，可谓有惊无险。

6. 登月前真有"探月悼词"吗？

时任美国总统尼克松担心登月任务会失败，所以在登月

前秘密地请"写手"拟定了一份宇航员遇难的"悼词"，悼词的题目是"探月悲剧"。可喜可贺的是，这份"悼词"最终没有派上用场，人类迎来了划时代的成功。

星星为什么会眨眼睛

《凡卡》一课中写道："天空撒满了快活地眨着眼睛的星星，天河显得很清楚，仿佛为了过节，有人拿着雪把它擦亮了似的……"

210

有些生活经验的同学会发现，夏天的晚上，你若瞪着眼望着星星，便会发现众多星星的光在忽闪忽闪地动，好像它们在对你神秘地眨着眼睛。这里的奥秘在哪里呢？如果你先拿两块玻璃做个试验就会知道一些。这两块玻璃，第一块密度均匀，厚薄一致，第二块密度不一样，厚薄也不均匀。用第一块玻璃去看物体，物体会清晰明亮，和原来的物体没有什么差别，而透过第二块玻璃去看物体时，物体奇形怪状，和原来物体的形象大不一样，特别是看发光的灯泡、火点时，会发现它们是在跳动的。同样的道理，我们眼睛透过大气层来观察遥远的星星，因为大气层不是静止不动，也不是厚薄一致、密度均匀的，像第二块玻璃一样，再加上大气中热空气不断上升、冷空气不断下降，以及自然界中的风时而东、时而西，气流有时强、有时弱，这层挡在我们眼前的动荡不定的大气，就像一块巨大的在不断抖动的质量不好的玻璃，用它来看星星，当然会觉得星星的光亮在晃动，好像对着我们眨眼睛呢。

白天为什么看不见星星

《凡卡》一课写了凡卡在夜晚看到星星在天上眨着神秘的眼睛，有的同学十分不解，为什么白天看不见星星呢？到底是白天看得远，还是夜晚看得远呢？

211

星星实际上是天体。这些天体中我们看得见的，除了少数几颗是行星外，绝大多数都是恒星。它们一年到头、一天到晚都亮着。白天看不到星星，是因为白天太阳中的一部分光线被地球大气所散射，把天空照得十分明亮，星星微弱的光被掩盖了，我们就看不出星星来了。但是只要飞出大气层，如在空间站、神五、神六飞船上，看到的天空是黑的，即使在太阳旁边的星星也可以看得很清楚。

也正是这个原因，我们在灯火阑珊的深夜不仅可以看到牛郎、织女、北斗星，你还会看到许多星球，它们比太阳远

了千万倍，而晴空万里的白天，最远你也只能看到太阳。这并不说明白天我们的眼睛不如晚上看得远，而是白天光线太强、太亮，遥远的星星光线太暗，不容易被看到而已。

什么是陨石？
真能把地砸一个大坑吗

"听说天上常常掉下来陨石……它应该把草地砸一个很深很深的大坑。……"这是《奇怪的大石头》中的一段话。那么，陨石是什么？真的能把草地砸一个大坑吗？

陨石就是掉在地球上的流星残骸。在宇宙间，在地球以外那些脱离原有运行轨道或成碎块散落的、到地球或其它行星表面的、石质的、铁质的或是石铁混合物质，被统称为"陨石"或"陨星"。根据加拿大科学家 10 年的长期观测，每年降落到地球上的陨石约有 20 多吨，大概有两万多块。人们先后在美国亚利桑那州发现了一个深 170 米、直径 1240 米的陨坑，在南极找到了直径达 300 公里的大陨坑……这一切无不说明陨石的力量是巨大而恐怖的！

世上不能没有尘埃

我们课本里有多篇文章谈及尘埃，日常生活中同学们也对它既恼又恨。那么，为什么说人类离不开尘埃，或者说，世上不能没有尘埃呢？

尘埃确实令人类恼怒，它飘浮在空气中，借着大气的浮力，悄然飘来，又无声地离去，来去匆匆，无孔不入。尘埃多了，就造成大气污染，危害人体健康。可是，如果没有尘埃，宇宙中的许多有害射线将会毫无阻碍地进入地球表面，并对人类产生致命的威胁；没有尘埃，地球表面就会热得受不了，也许会像个大火炉；没有尘埃凝结成核，天上的云就无法形成，更不能造雨；没有尘埃，一些生物就无法获得自身成长所需要的矿物质。可见，尘埃对人类也是有利有弊的。

213

"火烧云"和"霞光"是一回事吗

《火烧云》这篇课文描绘了火烧云从上来到下去的过程，以及颜色和形状的变化。那么，"火烧云"和"霞光"是不是一回事？

天上的云是一些悬浮的小水珠凝结而成的，本来是没有任何颜色的。由于阳光照射到云朵上，使云有了颜色。当阳光把云朵照得红通通的，就形成了常见的"火烧云"。

霞光是阳光穿透云雾射出的彩色光芒。这也就是《火烧云》这篇课文中，把傍晚被阳光照得发红发亮、像被大火燃烧的云叫"火烧云"，而把火烧云发出的光称为"霞光"的缘故。

"夜半钟声到客船"有道理吗

"月落乌啼霜满天，江枫渔火对愁眠。姑苏城外寒山寺，夜半钟声到客船。"这是选在我们课本里的名诗《枫桥夜泊》，情味隽永，意境深远，流传千古。前两句是写诗人看到的，后两句是诗人听到的——在静夜中忽然听到远处传来悠远的钟声。这"夜半钟声"衬托出了夜的静谧，揭示了诗人卧听钟声时的种种难以言传的感受。那么，"夜半钟声到客船"写的是实情吗？在客船上到底能不能听见远处寒山寺的钟声？

声音的传播与空气的湿度与关，空气湿度大，有利于声音的传播。下雨前，空气湿度大，离火车很远的地方都能听到火车的汽笛声，而在平时我们是听不到的。寒山寺在江苏苏州城西十里处，枫桥离寒山寺也有三四里远。寒山寺的钟是一口铜钟，响声不亚于现在的高音喇叭，特别是在夜晚钟声传得更远、听得更清晰。这是因为苏州是水乡，每到夜晚，由于气温下降，空气中的水分开始凝结，空气湿度也随之增大。物理学知识告诉我们，湿度大的空气传播声音的本领很强，再加上夜深人静，干扰的杂音较少，所以诗人夜泊枫桥也能听到寒山寺的钟声。

《威尼斯的小艇》是一种什么样的船

215

　　威尼斯小艇在当地叫"贡多拉"，它是一种轻盈纤细、造形别致的小舟。"贡朵拉"有着十分悠久的历史，11世纪是它最盛行的时期，当时的数量超过了一万只，想一想，这是何等盛况，整个威尼斯都是"贡多拉"的世界。现在，威尼斯仅剩下了几百只"贡朵拉"。虽然，从数量上看，它已经衰落，但是，当地仍有小型船厂在修造这种小船，使这种古老的威尼斯水上代步工具得以代代相传，并成为一种旅游的时尚元素。

　　据研究，贡朵拉的外观设计原本是各式各样的，16世纪时它的外表被贵族们装饰得五彩缤纷，有的达官显贵甚至乘

坐装饰着缎子和丝绸、雕刻精美的贡朵拉，以此来炫耀自己的财富和地位。这一时期，贡朵拉成了一种身份的符号，互相攀比，蔚然成风。后来，威尼斯元老院颁布禁令，不准在尖舟上装饰任何炫耀门第的东西，而且规定贡朵拉必须漆成黑色，彻底杜绝了权贵们的奢华之风。至今，这一规定还在生效或者被人们接受，只有在重大节日的时候，才允许把它装饰成花船。

这种小舟的外形像一张弓，又像一件乐器，具有流畅、富有弹性感的曲线美，与威尼斯妩媚的水上风光浑然一体。现在，这种小舟一般长为 10.75 米、宽为 1.75 米。划船的船夫都穿着一件带横条的紧身针织上衣，戴着一顶草帽，上面还有一根红色的飘带，颇有地方衣饰文化特征。

威尼斯的小艇划动起来十分快，像一只只美丽的大鸟贴着水面向前飞去，美丽壮观。

这里有你想知道
的自然科技知识

小蝌蚪都能长成青蛙吗

我们小学语文教材在编选《小蝌蚪找妈妈》时，为了让小读者学得更加直观形象、轻松愉快，是通过看图和学文来了解小蝌蚪是怎样长成青蛙的，把它变成了看图学文。课文通过图文结合的方法，以小蝌蚪找妈妈为线索，介绍了青蛙的生长过程。那么，是不是所有的小蝌蚪都能长成青蛙呢？

课文中一共有三幅图，第一幅图画的是没有长腿和长出两条后腿的小蝌蚪，在询问鲤鱼妈妈；第二幅图画的是长出两条前腿的小蝌蚪，错将乌龟认做妈妈；第三幅图画的是小蝌蚪已经长成青蛙，找到了青蛙妈妈。课文对每幅图都进行了生动形象的文字描述。但是，青蛙不是所有小蝌蚪的妈妈。

这是因为，我们常见到的小蝌蚪有两种。一种是青蛙卵孵化而成的，一种是癞蛤蟆的卵孵化而成的。它们出生的时间、形态都不同。蛤蟆的卵孵化而成的小蝌蚪一般是在农历正月底到二月里，呈黑色的。一场暖雨后，这些小蝌蚪都会变成小蛤蟆跳到岸上去。而这时候青蛙都还没有出洞，仍在贪婪地睡大觉，到"谷雨"、"立夏"以后，田里的稻苗长高了，青蛙才开始大声地叫起来，天气暖洋洋的了，它们的卵才开始撒在小秧田、浅水滩，而且孵出的小蝌蚪体形比早春蛤蟆的小蝌蚪要大一点，颜色不是黑色的，而是淡青色的，以后它们长成了就是青蛙。

"香山红叶"中的"红叶"是什么树？为什么叫"香山"

《香山红叶》是一篇"看图读拼音识字"课文，描绘了北京香山秋天红叶满山的美丽景色。那么，香山上的红叶是什么树？香山名字是怎么得来的呢？

香山以观赏红叶最为出名，每到秋天的10月中旬到11月上旬，漫山遍野的红叶，红得如火，惹人爱怜，令人心动。其实，那是黄栌树的叶子。这些黄栌树是清代乾隆年间栽植的，200年来，逐渐形成拥有近10万株的黄栌树林区，也成了闻名全国的红叶观赏圣地。

219

香山的得名有两种观点。一种认为，山上最高峰有一块钟乳石，形似香炉，称为香炉山，人们就简称"香山"了。另一种观点认为，古代香山的杏花特别茂盛，花开时其香味弥漫，因此人们称它为"香山"。今天，在人们的心目中，也许这两种解释都存在、都讲得通。

野兔真的能撞到树干上吗

学习了《守株待兔》这则寓言后，不少同学都会对野兔自己撞到树干上去感到不可思议。那么，野兔是否真的会撞到树干上？

首先，这是一则寓言，作为一种文学表现手法，完全是可以虚构的，它虚设的事情是为了比喻或说明一个道理。但是，在现实生活中，野兔自己撞到了树干上的事情还是会发生的，这与野兔这种小动物的眼睛构造是有关的。

 野兔的眼睛向后凸出，并在头部的两侧，这样它背后的视野就比较广阔，可以及时发现、提防从背后追来的敌害，以便更好地逃生。但是，野兔眼睛这种构造也有弊端，使野兔前面的视线受到了限制，再加上逃跑时紧张、恐惧，甚至慌不择路，与坐着的人、石头、树干、车辆等相撞，或者冲下悬崖等等，都是会发生的。当然，如果野兔在一望无际的草原或没有障碍的高原上奔跑，那就不会发生这样的悲剧。

220

公鸡为什么要打鸣

《小公鸡和小鸭子》是一篇童话，主要讲小公鸡跟小鸭子一起玩，小公鸡给小鸭子捉虫子吃，小鸭子给小公鸡捉鱼吃，饶有趣味地介绍了两种小动物的不同食性以及它们团结友爱、互相帮助的美德。那么，公鸡为什么要打鸣报时呢？

原来，这是公鸡的"生物钟"决定的。它的生物钟藏在脑子的松果腺中，松果腺的形状像一个小松果，一到夜里就会分泌黑色的紧张素来抑制性腺，促使公鸡睡觉。松果腺中的细胞能掌握明暗的规律，使公鸡感到光线越过头顶的波长。拂晓时，由于光波激发松果腺中的细胞膜内外的电位差，导致公鸡兴奋地醒来，便"喔喔"地啼鸣报晓了。

221

第一个发现企鹅的是谁

《我和企鹅》是一篇略读课文，主要写了一名小学生在南极大陆的企鹅岛上的见闻，向小读者介绍了令大家既熟悉又陌生的企鹅。那么，世界上谁第一个发现了企鹅？

古代人对企鹅没有什么认识，也没有相关的记载，就像对南极那样神秘，直到1488年葡萄牙的水手们在靠近非洲南部的好望角时，才第一次发现了这种看上去傻乎乎的可爱的大鸟。1520年，历史学家皮加菲塔乘坐麦哲伦船队的船在巴塔哥尼亚海岸上，看到了大群的模样儿像鹅的鸟儿，称它是

"不认识的鹅"。这也是人类第一次关于企鹅的记载。后来，随着南极航道的打通，航海家看到了越来越多的企鹅：在茫茫冰原上，它们引着脖颈远眺，好像在企望着什么，因此人们称这种肥胖的鸟为"企鹅"。

企鹅真的很笨拙吗

读了《我和企鹅》一课，同学们都觉得企鹅很可爱，可是，日常的印象中，企鹅好像是一种行动很笨拙的鸟。事实是这样吗？

其实，穿着"燕尾服"的企鹅有着非同一般的本领。虽然它们在陆上行走时行动笨拙，脚掌着地，身体直立，依靠尾巴和翅膀来维持平衡，一副很可笑的模样儿。但是，如果遇到紧急情况，它能够迅速卧倒，舒展两翅，在冰雪上匍匐前进，有时还可在冰雪的悬崖、斜坡上以尾和翅掌握方向迅速滑行。它游泳的速度十分惊人，时速可达 20 ～ 30 公里，比万吨巨轮还要快，有时能把最快的捕鲸船远远地抛在后边呢。企鹅跳水的本领也堪称一绝，它能跳出水面 2 米多高，并能从冰山或冰上腾空而起，跃入水中，潜入水底。所以说，企鹅不但不笨拙，还称得上"游泳"、"跳水"和"潜水"健将呢。除了飞翔，企鹅的运动本领在鸟类中堪称一流。

翠鸟的外形特点与捕鱼有关吗

《翠鸟》是一篇精读课文，作者对翠鸟的外形进行了非常细致的观察和描绘，这些外形特点的描写与翠鸟捕鱼本领有关吗？

作者写翠鸟，抓住了翠鸟颜色鲜艳、身材小巧玲珑的特点，写了它的爪子、羽毛、眼睛和嘴，还抓住"一动不动"地"等待"，"贴着水面疾飞"，来表现翠鸟的机灵和动作敏捷。这一切都为写翠鸟的捕鱼埋下了伏笔。

原来，翠鸟之所以能在疾飞中叼起小鱼，跟它的身材、爪子、嘴和眼睛的特点是不可分的：它能夹双翼，尾上头下，全身笔直插入水中，双喙像镊子一样张开，钳住小鱼；它的羽毛里隐藏着许多气袋，尾部有分泌防水油的腺体，可以在水中迅速潜游而不会弄湿羽毛；它在插入水中的瞬间，能精确调节因光线的折射而造成的视差，即使进入水里仍能保持极佳视力，准确地找到鱼的致命弱点，"嘴"到"擒"来。

223

商人找回骆驼的科学依据是什么

《找骆驼》是一篇非常有趣的略读课文，主要讲一位老人虽然没有见过商人丢失的那只骆驼，却帮助商人找回骆驼的故事。想一想，老人指点商人找回骆驼有哪些科学依据？

从对课文的阅读中我们会发现，老人虽然没有见过骆驼，可他是一位生活经验非常丰富的老人，而且观察仔细：他能从骆驼左脚留下的脚印比较浅，准确地判断骆驼的左脚有点跛；他还能从树叶上留下的骆驼的牙齿印痕，判断出骆驼缺了一颗牙。正是有了这些科学依据，老人才准确地判断出骆驼的特征，并帮助商人找回了骆驼。

224

骆驼为什么也称"国宝"

学习了《找骆驼》一课以后，同学们都感到骆驼是一种非常可爱的动物。那么，为什么有人称骆驼是"国宝"呢？

原来，野骆驼属珍贵濒危动物，现仅存于我国和蒙古人民共和国，罗布泊地区是双峰野骆驼在我国的主要生活区。

由于全世界的野骆驼总数目前还不超过 1000 峰，而我国野骆驼的数量大约在 300 ~ 500 峰，因此这一物种比"国宝"大熊猫更为珍稀。近年来，包括中科院、中央电视台等都曾专门出动人员外出寻找拍摄野骆驼，甚至出动直升机大面积搜寻，均无功而返。美国《国家地理》杂志曾悬赏 1 万美元索求一张野骆驼的照片。

稻起源于中国吗

稻是一种农作物，也是我们小学生最早认识的汉字之一。那么，稻是否起源于中国？人类栽培稻的技术有多少年？

早先的研究认为，栽培稻可能有两个源头——一中国和印度。亚洲稻是世界上最古老的农作物之一。它也是一种品种非常多的作物，在全世界有数以万计的品种。关于它的起源一直是科学家争论的话题。

现在，据《国家科学院学报》刊登的一篇研究文章指出，栽培稻起源于大约 8200 年前，而粳稻和籼稻的分化是在大约3900 年前。考古学家在过去 10 年中发现有证据表明，大约8000 ~ 9000 年前，在长江流域人类开始栽培稻，而在印度的恒河流域，人们大约于 4000 年前开始栽培稻。因此，稻应该

起源于中国，或者说稻的故乡在中国。

小麦的来历

　　不论是小学语文中的识字教学，还是小学品德与社会课程，都让我们较早地结识了"小麦"。它是我们主要的食品原料，也是方便面的主要原料。那么，它是怎么来的呢？

　　也许大家都知道它是农民种出来的，或者说，"人类最古老的粮食"、"神下凡的时候留给人间的粮食"等等。为了探索小麦的起源，地理学、植物学、考古学等专家们群策群力深入研究，认为占全世界栽培小麦90%以上的普通小麦主要是集中在从阿富汗到高加索地区。根据考古学研究结果，在6700年前的伊拉克遗址中发现了和现在小麦特性差不多的古代小麦，同时，通过综合观察研究埃及5000～6000年前几处遗址的小麦及瑞士遗址，还有尼罗河古墓变化等各种事例来看，推测小麦的起源应该是在公元前15000～前10000年左右。我国有关小麦的历史可以上溯到公元前2700年。可见，我国栽培小麦的历史也非常悠久。

226

棉花是"洋货"吗

棉花种植最早出现在公元前 5000～前 4000 年的印度河流域文明中。大约 9 世纪的时候，摩尔人将棉花种植方法传到了西班牙。15 世纪，棉花传入英国，然后传入英国在北美的殖民地。其实中美洲原住民也早已懂得用棉花纺织衣服和毯子。16 世纪西班牙人进入墨西哥南部和尤卡坦半岛，发现当地植棉业已很发达，岛民将彩色棉纺织成土布，做成当地人的服装。我国至少在 2000 年以前，在广西、云南、新疆等地区已采用棉纤维作纺织原料。可见，棉花确实是"洋货"。

棉花传入我国，大约有 3 条不同的途径。一条是南路，史料记载，至少在秦汉时期，印度的亚洲棉，经东南亚传入海南岛和两广地区，之后传入福建、四川等地区。第二条是由印度经缅甸传入云南，时间大约在秦汉时期。第三条是非洲棉经西亚传入新疆、河西走廊一带，时间大约在南北朝时期。北路即古代的"西域"，宋元之际，棉花传播到长江和黄河流域广大地区，到 13 世纪，北路棉花已传到陕西渭水流域。但是在中原地区，起初人们只将棉花作为观赏植物，并没有认识到它的经济价值。9 世纪著名的阿拉伯旅行家苏莱曼在其《苏莱曼游记》中记述，在今北京地区所见到的棉花，还是在花园里被作为"花"来观赏的。目前中原地区所见到

227

的最早的棉纺织品遗物，是在一座南宋古墓中发现的一条棉线毯。也是在这个时期，棉布逐渐替代丝绸，成为我国人民主要的服饰材料。从明代宋应星的《天工开物》中所记载的"棉布寸土皆有"，可知当时植棉和棉纺织已遍布全国。

荷花为什么"出淤泥而不染"

《荷花》是一篇生动优美的精读课文，作者是著名教育家叶圣陶。全篇文章不足 400 字，却把荷花写得栩栩如生。那么，荷花为什么"出淤泥而不染"呢？

科学家用显微镜对荷叶进行观察时发现，荷叶面上有许多非常微小的绒毛和蜡质凸起物，雨水落在上面，铺不开、渗不进，只化作粒粒水珠滚落下来，顺道儿带走了荷叶表面的灰尘，从而使叶面始终一尘不染。荷花叶子的这种自洁能力令科学家震惊不已，灵光一闪，科研人员模仿荷叶的自净原理，开展防污产品的研究，发明了一种自洁涂料，广泛应用于生产建筑涂料、服装面料、厨具面板等需要耐脏的产品。

荷花为什么被称为"活化石"

学习了《荷花》这课以后，大家对荷花的美丽有了新认识，也对神奇的大自然更加热爱。那么，为什么有的学习辅导读物上称荷花是"活化石"呢？

专家研究发现，荷是被子植物中起源最早的植物之一。在人类出现以前，大约一亿零四千五百万年前，地球大部被海洋、湖泊及沼泽覆盖。当时，气候恶劣，灾害频繁，没有动物，大部分植物被淘汰，只有少数生命力极强的野生植物生长在这个贫瘠的地球上。其中就有"荷花"这种水生植物。大约过了九千年，原始人类开始出现，并以"荷花"的野果和根节（即莲子与藕）充饥。公元前五六千年的新石器时代，随着农耕文化的出现，人类对荷花开始有了进一步的了解。在柴达木盆地发现荷叶化石，距今至少有 1000 万年。在河南省郑州市北部大河村发掘的"仰韶文化"房基遗址，发现室内台面上有炭化粮食和两粒莲子，经测定，距今有 5000 年的历史。1973 年在浙江余姚县距今 7000 年前的"河姆渡文化"遗址出土的文物中，发现有荷花的花粉化石。可见荷花的历史有多么悠久。

229

蛇有足吗

《画蛇添足》是我们语文课本里的一则寓言故事，主要讲战国时有一家人祭过祖宗后赏给仆人们一壶酒，仆人们商议每人都在地上画蛇，先画好的人就喝酒。有个人先画好了蛇，发现其他人还没有画好，于是，又给蛇加上了脚，结果，那壶酒被另一个画完的人夺过去喝了。那么，蛇到底有没有足呢？没有足又怎么走动呢？

动物的脚奇奇怪怪，有二足、四足，还有多达百足的，但是，蛇是没有足的，它在草丛、水里和地上游动，依靠的是收缩腹部的鳞片、肌肉来前进，并不是由足来完成的。

朱鹮是一种什么样的鸟

课文《朱鹮飞回来了》是一篇略读课文，记叙了科学考察队员在小朋友的帮助下，发现并保护珍稀鸟类朱鹮的故事。那么，朱鹮是一种什么样的鸟，为什么这么珍贵？

朱鹮鸟体长近80厘米，雌鸟稍微小一些，全身羽毛呈现白色，但是，它的上体和下体的羽干、羽基以及飞羽都有粉红色渲染。额、眼周、头顶以及上下嘴基部周围等裸露出来的部位，都是橙朱红色。嘴巴是黑色的，尖端及下嘴基部是呈红色的。这也是它的名字中带"朱（朱砂是红色的）"字的原因。从色彩看，它是一种外表非常美丽的鸟。作为国家一级保护动物，朱鹮数量极少。据了解，1981年在朱鹮重要的栖息地我国的陕西洋县仅发现7只，后来国家加大了保护力度，到本世纪初野外种群已达180只，人工种群150只。朱鹮作为珍稀鸟类，1998年，江泽民主席访问日本时，特向日本人民赠送了一对朱鹮鸟。日本首相非常感谢，称这是让日本国民感到非常高兴的事。

231

花生为什么叫落花生

《落花生》是作家许地山的名作，通过一家人谈论花生的好处，揭示花生不图虚名、默默奉献的品格，与"落花生"这种植物巧妙地暗合。那么，为什么花生叫落花生呢？

花生也是"洋货"，它的老家在南美洲的巴西、秘鲁一带。早在1492年，哥伦布发现新大陆后，花生才走出南美洲，渐渐走向世界。它最先来到非洲的几内亚，又经葡萄牙人把它带到亚洲、欧洲等地。大约在15世纪末或16世纪初，

花生在中国安家落户了，也深得中国人的喜爱。它是先开花，而后形成子房柄，接着，子房柄钻入土里，最后在地里结成果实，简单地说它是地上开花、花落以后在地下结果的作物，所以也叫"落花生"。

"意欲捕鸣蝉"中蝉为什么要鸣叫

《所见》是清代诗人袁枚写的一首五言绝句，描写了夏天中午所见到的情景，刻画了一个活泼机灵、天真可爱的牧童形象。不过，有的同学在学习这首诗歌时，常常会想，"意欲捕鸣蝉，忽然闭口立"中，蝉为什么要鸣叫？

232

这与蝉的生理特性有关。蝉是一种昆虫，幼虫时期一直生活在暗无天日的地下，长达数年之久。成虫后，仅能存活一周左右，鸣叫的是雄蝉，是为求爱而在唱"情歌"呢。

龙是什么动物

选在课本里的短文《中华龙》让我们对龙这种神秘的动

物产生了的好奇，也迫不及待地想知道龙的"真容"。

龙的形象在我国早已深入人心，象征着吉祥、神圣和崇高，是中华民族精神的代表，它可以喷云吐雾，纵横天下，可以呼风唤雨，福荫国民，中华儿女都自豪地称自己是"龙的传人"。据《说文解字》解释："龙，鳞虫之长，能幽能明，能细能巨，能短能长。春分而登天，秋分而潜渊。"这段文字，让我们对龙感到更加神秘了。

考古专家认为，早期的龙就是一条头上带角的蛇，是一种纯粹的爬行动物；还有人指出，龙是由鳄鱼蜕变而成的；著名学者闻一多先生认为，龙是由蛇与其他多种动物综合形成的，以蛇身为基础，融入了马的鬃毛，牛的尾巴，鹿的角，狗的爪，鱼的鳞和须……在经历了长期的研究和考证后，人们终于形成了这样一个共识：龙是多种动物的综合体，是原始社会形成的一种图腾崇拜的标志物。

233

昙花为什么总在夜里开放

《养花》是老舍先生的作品，课本里写昙花总在夜里开放，而且花开的时间很短，昙花一现，这是为什么呢？

先解释一下昙花为什么要在夜里开放。昙花的老家在墨

西哥沙漠中，那里昼夜温差较大，晚上八九点钟以前的高温和半夜后的低温对开花都不利，所以它在晚上八九点钟以后开花，3～4 小时后凋谢，避开了高温和低温的气候。也就是说，白天气温高，水的蒸发量大，得不到足够的水分来促使花开放，只有在晚上气温较低和蒸发量少的情况下，才能取得足够的水分使植物开花。这是植物在进化中的优胜劣汰的智慧选择。

再说说昙花一现。一方面昙花开花的时间避开了高温和低温，通常花开 3～4 小时即谢是遗传的选择；另一方面，昙花的花开起来大而美丽，开花时全部花瓣都张开，容易散失水分，而根从沙土中吸收的水分有限，不能长期维持花瓣所需的水分，在水分不足的情况下，花就闭合，花瓣也就很快凋谢了，所以有"昙花一现"之说。

234

雷雨前天气为什么闷热

《雷雨》一课，主要写了雷雨前、雷雨中、雷雨后的景象，教育我们学会关注身边的气象。那么，雷雨前天气为什么特别闷热？

下雷雨要具备两个条件：一是地面上温度要高，二是大气里湿度要大。只有同时具备这两个条件，才会下雷雨。夏季，地面被火辣辣的太阳晒热，靠近地面的气温能升得很高。这时，如果大气里湿度较大，潮湿的空气升到高空中，就会形成雷雨云，有了雷雨云，就有可能下雷雨。由此可见，大气里水汽多、温度高，地面上的水汽不容易蒸发，人们当然就会感觉闷热，这是雷雨前的先兆。不过，有时候天气虽然闷热，却没有下雷雨。那是因为雷雨的范围小，没有落到我们这里，而是落到别处了。

天为什么会下雪

235

《第一场雪》是作家峻青 1962 年在胶东半岛农村写的一篇散文，通过写胶东半岛入冬以来下的第一场雪及关于雪的联想，表达了作者对这场预兆丰年的大雪的喜悦之情。那么，为什么会下雪呢？

下雪和下雨的原因差不多。冬天，气温降得很低，在零度以下。这个时候，天空的气温会降得更低，在天空比较高的云层里，除了水滴以外，还有许多很小的冰晶。冰晶由冰晶核构成，冰晶核是由沙子、烟尘等微小固体构成。当云层中的气温降到零度时，冰晶核周围的水汽升华成为冰晶。冰

晶随着云层水汽的不断上升，逐渐长大，就成了雪花。

当雪花长大到一定程度时，上升气流托不住那些云层，这时，水滴、冰晶就会朝地面降落下来。只不过在春、夏、秋季节，地面和接近地面的温度比较高，那些冰晶在半空中就融化成水了。雪花在云层中长大的时间越长，降下来的雪花就越大。

冬天，当地面温度在零度以下时，云层里的大量的冰晶降落下来，就不会融化掉，直接飘落到地上，这就是雪。下雪前一般没有什么大风，如果有大风，云层和雪就很可能被吹散，或者吹到别处去了。

另外，雪花有各种不同的形状，是由于雪花在形成过程中，水汽供应情况不同而造成的。有六角星状、柱状、针状、还有树枝状等等。

236

鸭子为什么会游泳

学习了《自己去吧》一课以后，同学们都明白了从小要勇敢锻炼，不能事事都依赖父母，最后小鸭真学会了游泳。那么，生活中的鸭子为什么会游泳呢？长年喜欢呆在水里，为什么不怕冷？

这与鸭子的身体结构有关。鸭子用嘴将尾部皮脂腺的油脂涂抹在羽毛上，这样就不会将毛弄湿，空气就存留在羽毛中，这样就能够浮起来了，不会沉到水里去。而且还有气囊与肺连接，加上两只蹼，像船的桨一样，能够自如地摆动，所以鸭子在水里游泳非常轻松自如。

　　鸭子在天寒地冻的日子里也会毫不在意地在水面上游弋。为什么它就不怕寒冷呢？原来，鸭子身体对于严寒有着奇妙的适应构造和特殊的生理功能。首先，鸭子的体温很高，在41.8 ~ 42.4℃之间，血液中的红血球数目也多，呼吸、循环系统的机能很强，新陈代谢十分旺盛，能够产生大量体热，体内有充足的热源。其次，鸭子遍布羽毛，尤其是贴身的那层绒羽，保温性能极佳，而且鸭子皮下的脂肪层肥厚，没有汗腺，等等，层层的防护，使鸭子不怕寒冷。

237

墨鱼和章鱼为什么都不是鱼

　　《海底世界》一课都写到了海洋里大名鼎鼎的墨鱼和章鱼，那么，它们到底是不是鱼呢？

　　墨鱼，也叫墨斗鱼，俗称乌贼，但它不是鱼，属于一种软体动物。乌贼分布于世界各大洋，主要生活在热带和温带沿岸浅水中。乌贼拿手绝技就是"喷墨"，它体内有一个墨囊，囊内储藏着能分泌天然墨汁的墨腺。一旦遇到强大的敌害，乌贼就立刻从墨囊里喷出一股墨汁，把周围的海水染成一片黑色，使敌害看不见它，它就在这黑色烟幕的掩护下逃之夭夭了。更为可怕的是，它喷出的这种墨汁还含有毒素，能让敌手在短暂时内产生麻痹感，令敌害无法再追击它。

章鱼也不是鱼。它有8只脚，每只脚上都分布着数以百计的、有很强吸力的吸盘。章鱼那柔软而富有弹性的吸盘，可以把敌人牢牢地"吸"住，而且章鱼也有乌贼的喷墨能力，可以在危急时刻向敌人射出少量有毒的墨液，令对方头昏眼花，甚至中毒而死。

凡是鱼类，必须具备四个条件：一是有脊椎，鱼属脊椎动物；二是用鳍游泳；三是有真正的上下颌；四是用鳃呼吸。这四条缺一不可。而章鱼和墨鱼连一条也不具备。因此，墨鱼和章鱼虽然和"鱼"沾上了边，但它们的确不是鱼类而是软体动物，是没有贝壳的海贝。

238

小山羊为什么爱吃草

《小山羊》是一篇童话故事，主要告诉小朋友们，小鸡、小猫、小狗等爱吃虫、鱼、骨头，而小山羊和小牛却爱吃青草。于是，有的同学会问：小山羊为什么爱吃草？它们会缺乏营养吗？

其实，不必有这样的顾虑，任何动物的饮食必然与它的生理结构有关。生物学家按照动物的饮食习惯，把动物分为肉食动物、草食动物与果食动物。羊属于草食动物。它所吃的青草、叶子与其他植物，在口中以唾液中所含的酵素和唾液素先行消化。这类食物必须经过适当的咀嚼，并且与唾液素完全混合才能将其分解。草食动物拥有 24 颗白齿，在口中将食物细细的磨碎，并且它们的食物可在消化管道内停留较长的时间，所以它们拥有较长的消化系统。羊、牛等草食动物体内有特殊的酶，能把草中的纤维素转变为葡萄糖，再经过转氨基作用，合成身体必需的蛋白质，所以山羊呀牛呀等草食动物爱吃草，但不会营养不良，还能产出营养丰富的奶水呢。

239

小壁虎为什么要断尾

《小壁虎借尾巴》是一篇童话故事，讲了壁虎尾巴奇特的再生功能。许多同学对此常常感到不解：小壁虎为什么要断尾呢？

壁虎是一种爬行动物，身体扁平，四肢短，脚趾上有吸盘，可以吸附在天花板和墙壁上爬行，神出鬼没，喜欢在黄昏和夜间出来活动，吃蚊、蝇、蛾等昆虫。壁虎不会叮咬人类，它是人类的朋友。当它受到外力牵引或者遇到敌害时，自己能用力使尾部断落，吸引敌人盯着断掉的尾巴，转移敌人的视线，自己则乘机逃之夭夭。过一段时间以后，小壁虎又会长出新尾巴来。生物学家研究发现，壁虎的断尾是有意在制造假象，是一种逃生的策略，完全是出于"自卫"的本能。

240

孔雀为什么爱美

《骄傲的孔雀》中写一只孔雀为了炫耀自己的美丽，竟和自己的影子比美，结果不慎掉入湖里的故事。那么，孔雀为什么爱美？

据科学家研究，动物也有爱美的天性，特别是雄性动物为了得到雌性动物的爱，往往会有意打扮自己。雄孔雀是爱美的典型，每到发情期，雄孔雀就会展开多彩的艳丽羽毛来吸引雌孔雀。可以说，孔雀爱美是为了得到异性的爱。

蜂窝是"智能住宅"吗

《蜜蜂》这篇略读课文主要讲述著名学者法布尔先生为证实蜜蜂有没有辨认方向的能力而进行的一次实验过程，他在花园里捉了 20 只蜜蜂，一一作了记号，在两里之外的地方放飞它们，后来有 17 只先后回到了蜂窝。这一实验不仅证明蜜蜂有辨认方向的能力，也说明它能找到自己的蜂窝。可见，蜂窝在蜜蜂的眼里或心里一定是很有特点的。

蜜蜂是靠蜂房、采蜜地点、太阳三个点来定位的，而这三者正是一个三角形。于是，蜜蜂对自己的住宅进行了精心设计，显示了卓越的"建筑才能"。它的住宅就是这个三角形的顶点，顶点角的大小是由两条线来决定的：一条是从蜂房到太阳，另一条是从蜂房到采蜜地点的直线，这两条线所夹的角叫太阳角，是蜜蜂的"方向盘"。蜜蜂正是根据这个"太阳角"的大小，来确定回家的方向。因此，人们说蜂窝是"智能住宅"。

241

蜜蜂的住宅不仅有利于它找到回家的"路"，而且这种住宅的设计非常节省原材料。法国有一位数学家叫克尼格，苏格兰有位数学家叫马克洛林，他们从理论上计算，要想消耗最少的材料来制造一个菱形容器，它的角度应该是 109 度 28 分和 70 度 32 分，这竟和蜂房的角度一点也不差！工蜂造出的这种特定的蜂巢，真是"天才的数学计算与设计"啊！

蜜蜂为什么能引路

《蜜蜂引路》这篇课文讲的是列宁利用蜜蜂作向导，找到养蜂人的故事。虽然课文表现的是列宁具有非凡的观察力和判断力，但是，"蜜蜂为什么能引路"成了同学们心中的一个疑问。

原来，蜜蜂的眼睛有"特异功能"，眼睛里就长着"天然的偏振光罗盘"。蜜蜂有 5 只眼：长在头甲上的 3 只眼，叫单眼。单眼能感受光线的强或弱，是照明强度的感受器。蜜蜂早晨什么时间飞出去，晚上什么时间归巢，是由单眼决定的。而长在头两侧的两只大眼，叫复眼，每只复眼由 6300 只小眼组成。复眼中的每个小眼是由 8 个作辐射状排列的感光细胞组成的。蜜蜂就是利用这些小眼感受太阳偏振光的，由此来确定太阳方位。所以，蜜蜂即使在阴云密布的日子，也能"看"到偏振光，并准确无误地飞行在蜂巢和采蜜地点之间。

242

蜜蜂怎样闻到花香

《蜜蜂引路》是一篇写人的课文，可是可爱的蜜蜂让我们格外关注，有的同学爱问这样一个问题：蜜蜂是怎样闻到花香的？

蜜蜂在百花丛中采蜜传粉，也是靠它的鼻子——触角来完成的。蜜蜂小小的触角，凸凹不平，在凹面有嗅神经的末梢。当花香刺激了嗅神经末梢的时候，蜜蜂就闻到了香味。蜜蜂的嗅觉有着惊人的辨别能力，它能闻出40多种花的香味。对于蜜蜂来说，闻花香就是找食物。

蜜蜂最大贡献是什么

243

蜜蜂既会酿蜜，又会为植物授粉。那么，这两项本领中哪一项最大？如果从人类的眼光来看，当然是为植物授粉。

科学试验证明，蜜蜂授粉能大幅度提高虫媒花作物，包括瓜果、蔬菜、林木、绿肥、牧草等产量，并能改善其品质。美国人大量饲养蜜蜂，就是为了把蜜蜂出租给农场主，让它们为农作物授粉，既提高农作物的产量，又能提高农作物的质量。

生物学家发现，能为植物授粉的昆虫很多，但是蜜蜂与众不同，它的身体上布满了绒毛，不会伤害花朵，在采集花蜜和花粉的过程中，随着也把粘在身上的花粉带到花柱头上，

使雌蕊获得了更多的授粉机会。研究还发现，即使是自花授粉的植物，如果获得异花授粉，也能增强授粉的选择性，使种子更加饱满，生命力更强。

大自然中有哪些"指南针"

学习《蜜蜂引路》以后，不少同学都会好奇地问：大自然中还有哪些"活"的"指南针"？其实，大自然中"指南针"还有许多。

1. 太阳

晴朗的天气，太阳是我们最好的方位仪。早晨，太阳从东方升起，中午时偏向南方，下午落向西方。

2. 月亮

有月亮的晚上，我们可以根据月亮来确定方位。满月时，晚上七时左右月在东方，半夜一时月在南方，早上七时左右月在西方。上弦月时，傍晚七时月在南方，午夜一时月在西方。下弦月时，午夜一时月在东方。

3. 星星

我们可以先找北斗星，再从北斗星的构口引一条延长线，就可以找到北极星，面对北极星的是北面，背后是南面。

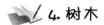 **4. 树木**

由于光照的不同，树木的枝叶茂盛程度也不一样。因此，树南面的枝叶长得茂密，而北面长得要稀疏些。如果是残留的树桩，我们可以根据树的年轮来分辨方向。树桩上年轮较密的一面是北方，而较稀的是南方，因为树的南面受到阳光照射比较充足，木质生长快，形成年轮就宽一些。

种子传播有哪些方式

245

《植物妈妈有办法》里介绍了蒲公英、苍耳、豌豆等传播种子的有趣方式，激发了同学们观察事物和热爱大自然的情趣。那么，种子还有哪些传播方式呢？

植物种子的传播途径主要有：一是风力，像蒲公英、槭树、云杉、风滚草、猪毛菜等，果实或种子的表面常生有絮毛、果翅。二是水力，像莲蓬、椰子、石竹等，一般是水生和沼泽地生长的植物。三是火力，红松等球果成熟时种鳞通常彼此不能分开，里面的种子不能自由脱落，但是森林大火过后，种子逃过一劫，却能从烧焦开裂的种鳞中释放出来，落地生根，长出新苗来。四是靠动物或人来传播。如果是肉

果类的，多半是鸟、兽等动物喜欢的食物，这些果实被吞食后，种子随鸟、兽的粪便散落传播。如果是干果类，它的果实和种子的外面生有刺毛、倒钩或有黏液分泌，能挂在或粘附于动物的毛、羽，或人们的衣裤、鞋袜上，随着动物和人们的活动而无意中进行传播。另外，鼹鼠、田鼠、松鼠、蚂蚁等常搬运植物的果实、种子，也是一种传播方式。五是依靠自身的机械力量撒播。有的植物的果实成熟后会急剧开裂，如大豆、油菜、喷瓜等，从而产生一股力量把种子散播到地里安家。

植物也有共栖现象吗

《有趣的生物共栖现象》是一篇美妙的科普文章，向我们介绍了犀牛鸟和犀牛、燕千鸟和鳄鱼、百舌鸟和金黄鼠朝夕与共，和睦相处，成为一对对好朋友的故事。那么，植物也有共栖现象吗？

植物世界里也不乏这样的"好邻居"。以玉米和大豆为例，大豆的根口长有很多"小瘤子"，叫根瘤。这些根瘤能"抓住"空气中的氮元素，并把它固定起来，变成氮肥。因此人们把生在大豆根上那些圆鼓鼓的瘤子，称为一座座"氮肥制造厂"。高大粗壮的玉米特别需要氮肥，而大豆却毫不吝惜地将多余的"氮"送给玉米。有了大豆提供的营养，玉米还怕长不高、长不壮吗！当然，玉米也非常爱护大豆，将自己制造的多余的"奶"——营养物质，从根毛里分泌到土壤中，供给大豆根瘤享用。植物间的关系非常微妙，像小麦的黑穗病，洋葱的分泌物在几秒钟内就可以把这些病菌杀死，保证它们安全生活；大白菜容易害一种细菌性软腐病，大蒜素对这些病菌有强烈的杀伤力，因此，他们都是天生的好邻居。洋葱不仅和小麦是好邻居，和豌豆也是好邻居，它分泌的气体能在几秒钟之内把豌豆的黑斑菌杀死，大蒜的气味能把棉花的蚜虫赶跑，减少虫害。

247

小象用鼻子喝水为什么不会被呛着

《曼谷的小象》里写到小象用鼻子喝水的事儿，同学们都担心它会被水呛着。其实，不论大象还是小象，都不会发生这样的险情。这是为什么呢？

原来，象的气管和食道是互相联着的，它的鼻腔后面的食道上方生有一块软骨，当象用鼻子吸水进入鼻腔时，软骨就将气管口盖起来，水不会进入肺，所以不会呛着。当象用鼻子喷出时，软骨自动打开，让象保持呼吸畅通。

水果为什么会有香味

学习《我爱故乡的杨梅》一课以后，不少同学爱提这样一个问题：成熟的杨梅以及其他的水果为什么会有香味？

原来水果成熟后会产生各种具有香味的芳香物质，主要是醇类和脂肪酸结合而产生的酯类化合物。如，苹果在成熟时要产生100多种芳香物质，香蕉成熟后产生200多种挥发性物质，这些物质从水果中跑出来就带出了水果的香味。当然，有的水果成熟时会发出甜味，那是由于含有各种糖类的缘故。水果中的酸味，是因为含有果酸所引起的，如，杨梅、梨、桃、苹果等都含有果酸。

248

骆驼为什么能找到水源

《沙漠之舟》这篇课文写生活在沙漠里的骆驼能帮助主人找到水源，这是为什么？

原来，骆驼长期生活在沙漠中，对沙漠水源的判断、寻找有自己独特的本领。这是因为土壤中常见的天蓝色链霉菌能产生一种化学物质——味素，它能发出一种特殊的气味，骆驼的鼻子对这种气味特别敏感。在沙漠中只有含水分的土壤才会滋生各种菌类，并形成这种气味，所以骆驼只要循着气味就能找到水源。

茱萸是什么，插在哪儿

　　课本里王维的一首《九月九日忆山东兄弟》："独在异乡为异客，每逢佳节倍思亲。遥知兄弟登高处，遍插茱萸少一人。"让茱萸闻名天下，无数小读者都立即把眼球盯在了茱萸二字上：茱萸是什么，应该插在哪儿？

249

　　茱萸，也叫"越椒"、"艾子"，是一种常绿带香的植物，有杀虫消毒、逐寒祛风的功能。我国古人在九月九日重阳节时有爬山登高的习俗，喜欢臂上佩带插着茱萸的布袋（古时称"茱萸囊"），还有把茱萸插在头上的，等等，以表示对亲朋好友的怀念，希望能够避难消灾。从科学的角度讲，重阳节以后一段时间天气回暖，秋雨潮湿，衣物容易霉变，使用茱萸确实有除虫、消毒等功效。在唐代，插茱萸、饮茱萸酒等习俗非常盛行，但是到宋元以后，这种习俗逐渐淡化。

"九月九日"是哪一天

我们课本里选了王维的《九月九日忆山东兄弟》一诗，那么"九月九日"到底是指哪一天呢？

"九月九日"是指农历的九月初九，即重阳节。据《西京杂记》记载，汉代九日已有饮菊酒、吃花糕、插茱萸等习俗，而且历代相沿，所以"九月九日"也称"茱萸节"、"菊花节"等。

250

"猹"是鲁迅先生"造"出的动物吗

我们小学课本里的《少年闰土》选自鲁迅先生的名作《故乡》，在文章里他写到了喜欢偷吃西瓜的"猹"这种动物。那么，"猹"到底是一种什么动物呢？

《现代汉语词典》"猹"（音茶）字条这样讲："野兽，像獾，喜欢吃瓜（见于鲁迅小说《故乡》）。"《辞海》的解释是："獾类的野兽。"那么，鲁迅先生是怎么解释的呢？1929年5月4日，鲁迅在致舒新城的信中说："'猹'字是我据乡下人所说的声音生造出来的，读如'查'。但我自己也不知道究竟是怎样的动物，因为这乃是闰土所说，别人不知其详。现在想起来，也许是獾罢。"鲁迅先生一向以严谨的写作态度著称，为什么要"造"出一个"猹"字来呢？对此，语言和文学的专家们认为，这是文艺作品中创造典型人物和典型环境的特殊需要，如果没有"猹"，就不能巧妙而有效地烘托出"一幅神异的图画"，那小动物贪婪地偷吃西瓜时发自的"喳喳"声，就无法淋漓尽致地表现出来。

麻雀对人类有害吗

251

虽然小麻雀是我们最为熟悉的鸟类，但是真正让我们同情，甚至敬佩这种小鸟的，还是学习了课文《麻雀》以后的事儿。在俄国作家屠格涅夫的笔下，这种小麻雀善良，机灵，有着非凡的母爱。那么，小麻雀到底对人类是有害，还是有利呢？

麻雀在我国是引起争议最大的鸟类。1958 年，人们曾一度将它列为四害之一，城乡全动员，全民参与，掏窝、捕打、敲锣、打鼓、放鞭炮，轰赶得它们无处藏身，许多麻雀累得坠地而死……后来，各地陆续发现园林植物出现虫灾，有些还是毁灭性的，人们不得不暂停对麻雀的剿灭。今天，我们对麻雀终于有了一个客观、公正的认识：

麻雀在稻子、小麦等成熟季节，虽然也会品尝这些果实，但大多数还是以昆虫为食的。据解剖，一只麻雀胃内的食物95%是有害于农业生产的各种昆虫，蜘蛛占2%，植物性食物占3%，麻雀在产卵和育雏期间需要大量的蛋白质来补充身体，使得麻雀要大量地捕食昆虫，为人类的农业生产立下了一定的功劳，应该说，它是人类的朋友。

寒号鸟是鸟吗

课文《寒号鸟》是根据一个传说故事改编而成的，讲寒号鸟一天天地混日子，得过且过，一直很懒惰，没能给自己造个窝，直到寒冷的冬天来临，最终被冻死在岩石缝里。告诫那些只顾眼前，不作长远打算，不愿辛勤劳动去创造生活的人，其命运只会像寒号鸟那样。那么，寒号鸟到底是一种什么鸟呢？

寒号鸟不是鸟，它属于哺乳动物。它的体型像松鼠，前后肢间生有宽大多毛的飞膜，这就是它的羽毛了。从外表看，寒号鸟耳朵的根部还有一束黑色长毛。它喜欢在山岩峭壁的岩洞或裂缝中栖身，用细草等作窝，啄食松柏的叶子或籽粒。白天，寒号鸟藏匿在巢内，黄昏或夜间才飞出来活动。它飞行时喜欢从高处向低处滑翔，张开飞膜，整个身体几乎成为正方形。它的粪便，是中药的五灵脂。虽然寒号鸟喜爱在太行山、绵山、中条山、五台山等山林间自由自在地生活，可是，由于它的一些药用价值，山西的灵石、平定等县已经实现了家养。

蚕吃绿色的桑叶，为什么吐出白丝

253

学习《春蚕》一课以后，有的同学会不解地问：蚕吃下了绿色的桑叶，为什么会吐出洁白的丝线呢？

原来，新鲜的桑叶大部分是水，此外还含有蛋白质、糖类、脂肪、矿物质、纤维素等，这些都是被蚕用来制造蚕丝的原料。当蚕吃进了桑叶以后，它肚子里的消化液与各种酶，就会开始慢慢分解桑叶，把桑叶中的水分、蛋白质、糖类、脂肪和矿物质等吸收掉，把纤维素变成蚕粪排出去。在蚕的肚子里，吸收进的"原料"又被继续特殊加工，然后这些氨基酸通过蚕体内特有的代谢关系被制成了丝素、丝胶等蛋白

质，最后从蚕的口中吐出白色的丝。其实，这蚕丝的成分就是蛋白质，难怪它是白色的。据统计，一千条蚕，从出生到吐丝结茧，要吃掉二十公斤的桑叶，而吐出的丝只有半公斤左右。

大雁飞行时为什么
要排成"一"字或"人"字形

254

　　《秋天》一课里写到大雁飞行时常常要排成"人"字或"一"字形。这是为什么呢？

　　原来，这是大雁为了节省体力。大雁在向北迁徙飞行时，大约必须连续飞行 1～2 个月，需要付出许多体力。在长期的飞行过程中，大雁渐渐摸索出飞行的窍门，懂得了怎样来利用上升气流以及滑翔的方式来节约体力。当领头的大雁鼓翅向上飞时就会产生一股上升的气流，于是后面的大雁开始利用这股气流的托力来进行飞翔。这是大雁飞行时总排成"一"字或"人"字形的主要原因。

　　还有一个原因，那就是大雁排成这种队伍前进，是出于自卫。大雁在飞行时，领头的大雁要在前面，幼雁以及体弱的雁在中间，身强体壮的飞在后面，这种阵容可以使大雁中幼小或体弱的免受敌人或人类的伤害，有利于互相照顾、统一行动，保证在迁飞的旅途中不掉队。

蜘蛛为什么在网上活动不会被粘住

　　《蜘蛛》一课让我们对蛛网有了一些了解，不过，许多同学对蜘蛛在网上活动为什么不会被粘住感到不解。

　　原来，蜘蛛结网的丝分两种，一种是有黏性的，一种是没有黏性的。蜘蛛在结网时，会先构筑放射状的骨架丝线——纵丝，它主要是支撑蜘蛛网结构的，强度大，但是没有黏性。在骨架完成后，蜘蛛会接着以逆时针的方向织造螺旋状丝线，这就是横丝，上面有水珠似的凸起，被称为黏珠，其黏性让误闯进网的昆虫难以脱身。蜘蛛在网上活动时，会选择在没有黏性的纵丝上，避免被粘住。同时，专家们仔细观察还发现，蛛网一般与地面不是垂直的，蜘蛛只用带有毛刺的脚接触蛛网，整个身体就挂在蛛网上，也进一步减少了被粘住的可能性。

255

啄木鸟捉虫的奥秘在哪里

我们小学语文课本里有多篇文章讲到啄木鸟，称它是"树木的医生"。那么，啄木鸟捉虫的奥秘在哪里？

啄木鸟的舌细长而富有弹性，它的舌根是一条弹性结缔组织，能够从下腭穿出，向上绕过后脑壳，在脑顶前部进入右鼻孔固定，只留左鼻孔呼吸，这种"弹簧刀式装置"可使舌头能伸出喙外达 12 厘米长，加上舌尖生有短钩，舌面具黏液，所以它的舌头能探入洞内钩捕 30 多种树干害虫。

同时，啄木鸟的头骨构造也非常特殊。它的头骨十分坚固，大脑周围有一层绵状骨骼，内含液体，对外力能起缓冲和消震作用，脑壳周围还长满了具有减震作用的肌肉，能把喙尖和头部始终保持在一条直线上，使其在啄木时头部严格地进行直线运动。因此，尽管它每天啄木不止，多达 102 万次，也能常年承受得起强大的震动力。

可见，啄木鸟奇特的舌头和特殊的头部结构，是它成为捉虫能手的天赋条件。

256

映山红就是杜鹃吗

《记金华的双龙洞》一课中写道："山上开满了映山红，无论花朵和叶子，都比盆栽的杜鹃显得有精神。"一般读者都认为，杜鹃就是映山红，作者把这两者作比较，是不是有点矛盾？

其实，杜鹃和映山红是有区别的。《辞源》中对"杜鹃"的解释为："常绿灌木，高三四尺，叶椭圆深绿，茎叶都有毛。春日开红紫花，也有白色的，花冠像漏斗状。"对"映山红"的解释为："山踯躅（zhízhú），一名映山红。就是指野生的杜鹃花。"也就是说，映山红并不等于杜鹃，杜鹃野生才能称为映山红。可见，杜鹃与映山红两者并不一样，是有区别的。应当说，映山红是杜鹃的一种！

257

动物冬眠有什么特点

《动物过冬》是一篇科学童话，让我们对燕子、杜鹃、黄鹂、喜鹊以及青蛙的过冬方式有了一些了解。那么，动物冬眠有哪些特点呢？

动物冬眠期不吃不喝，是因为这些动物在冬眠之前，已经把肚子填得饱饱的，将养分储存在肝脏等器官里。如青蛙在夏秋食物丰富的季节，把食物大量转化成肝糖，所以它的肝脏在开始冬眠时为平时的二倍。有的动物腹内还有水囊，能为冬眠时期储藏大量的水。

冬眠时动物的机能降到最低点，包括体温、呼吸等。但是，动物冬眠也不是昏睡不醒的。如松鼠就是每隔半个月就要醒来一次。

冬眠姿态千差万别。青蛙、蟾蜍等是挖个坑，或者找个空穴，蹲伏在那里。蝙蝠冬眠时用后足的尖爪攀住石缝，头朝下悬在空中，大约要吊半年。熊冬眠时比较贪睡，除了排尿，要睡六个月之久。爱尔兰有一种蛇，为了冬眠干脆跑到水里冻成"冰棍"睡大觉。

数码相机为什么不用胶卷

《小摄影师》中讲一个小男孩给高尔基照相，忘了带胶卷，哭着走了……同学们读到这里的时候，往往会为这个小摄影师难过，心想：如果是现在多好，用数码相机拍照，什么问题都不会发生。那么，为什么数码相机拍照就可以不用胶卷呢？

　　数码相机其所以不用胶卷，是因为在原来放置胶片的位置上，放了一个叫 CCD 的感光元件。这个元件可以直接把光转换成数字信号后交由后面的处理器去处理，然后直接存储在相机里。数码相机的存储卡的容量惊人，一个"G"容量的卡能储存清晰照片数百张，相当于多个普通胶卷。如果需要，可以通过数据线转至电脑里储存，在电脑里进行展示或修改，既可以到照相馆把照片洗出来，自己也能直接用彩喷打出来。

钻石为什么那么珍贵

259

　　《第六颗钻石》讲述了一个拾金不昧的故事。那么，钻石为什么特别珍贵呢？钻石有"宝石之王"的美誉。一是它的硬度是所有宝石中最大的。"钻石"这个名字是源自希腊，意思是"坚固无敌"，有极高的硬度。二是它的光泽好，本身反射出明亮耀眼的"金刚光泽"，是其他天然宝石无法相比的。三是非常稀有，自然界中的矿藏量越来越少，所以也越来越珍贵。

怎样来理解曹冲称象的原理

《称象》一课里讲把"石头重量加起来，就是大象的重量"。想一想，这是为什么，怎么样来理解曹冲称象的原理？这是学习本课的难点。

浮力定律对现代人来说很简单，可是像曹冲这样的孩子，能够想出如此奇妙的称象办法，实属了不起。对于我们这些还没学过浮力定律的小学生来讲，还是有些难懂的。

我们不妨先在家里找一个水盆，再用铁皮做一个小船，用铁块表示大象，用一些小沙包来表示石头。先把小船放到盛满水的盆里，船身要有一部分没在水中，"船身"重量和"船"所受的浮力是相等的。接着，把铁块放到船上，这相当于把"大象"赶到船上，这样，船身就会下沉，到一定深度，浮力和重量相等了，船身就会静止不动，我们可以在水面线上划一条记号，再把铁块换掉，相当把"大象"赶走，然后逐次向空船上放小沙包，一旦船沉到了刚才划记号的位置，称一称小沙包的重量，就知道"大象"的重量了。

深奥的浮力定律，经过我们这样简单的演示会变得浅显易懂，也会更加佩服小曹冲的惊人智慧。

飞机为什么会"拉烟"

学习课文《一个降落伞包》以后，我们知道飞机在飞行中，飞机的后面有时会拖出一条或数条"白烟"，俗称"拉烟"。其实，这不是飞机喷出来的烟，而是飞机飞过后在飞行轨迹上气团里水汽凝结成的特殊云，也称飞机轨迹。

这是因为飞机使用的燃料是碳氢化合物，当它燃烧时会释放大量的热量和水汽，如果湿热的废气从飞机尾部喷出后与周围的大气迅速混合，在飞机轨迹上形成相对温度较高的温湿空气团。如果这时外界大气温度很低，使上述空气团骤然降温，达到露点时，空气团中的饱和状态的水汽就会凝成水珠而析出，从而形成了飞机的长长的带状的"尾巴"留在了空中，肉眼看上去，好像是飞机在拉烟呢。

261

怎样放风筝更科学

《放风筝》一文写出了放风筝的奇妙乐趣，可是怎样放风筝更科学呢？

风筝又叫"风鸢"、"纸鸢"、"纸鹞"，在我国已有两千多年的历史。北宋以后，风筝普遍流行于民间。今天，放风筝已成为国内外颇负盛名的一种游艺活动了。放风筝也是一门"技术活"，有一定的科学奥妙。一是要选择风和日丽的天气，风不要太大、太猛。二是要选择季节，一般是在春季的清明前后或秋季的重阳前后，这一段时间的风向比较适宜放风筝。三是要选择在风向一定、风力平稳时才放得高。四是要合理用力。刮大风时，只要把线放松，风筝一般就能上升。当风力较小时，则需要拉着线快跑相当一段路，使风筝上面产生足够的风力，才能把风筝托上天。

262

谁发明了风筝

学习了《放风筝》一课以后，许多同学都想知道风筝是谁发明的。

据历史资料记载，风筝是我们中国人发明的，至今已2000 余年。相传，最早是墨翟以木头制成木鸟，研制三年而成，这也是人类最早的风筝。后来，木匠鲁班用竹子来改进墨翟制作风筝的材质，使风筝的飞行本领有了提高，后来渐渐演进成为今日的风筝。西方人知道风筝是13 世纪的事情，是由意大利马可·波罗自中国返回欧洲后，才相继传开的。

牛顿做风车受嘲笑为什么难过

　　《做风车的故事》是一篇精读课文，讲的是英国大科学家牛顿小时候做风车的故事。那么，为什么牛顿做风车会遭到同学们的嘲笑？他又为什么难过？

　　牛顿做风车原以为能够得到同学们的夸奖的，可是卡特的发问，使牛顿十分难堪、为难：风车为什么会转动？牛顿答不出来，受到了大家的嘲笑，风车被摔坏了，满脸通红的牛顿难过极了。但是，真正让牛顿痛苦的，并不是同学们的嘲笑、风车的摔坏，而是讲不出"风车为什么会转动"的道理。这也是牛顿从这件事中受到教育，发愤学习，养成刻苦钻研的习惯，终于成为一个伟大的物理学家的动力源泉。可以说，牛顿思想变化，"难过"是最直接的原因。

263

足球是谁发明的

　　课文《小足球赛》图文并茂，生动地表现了一群孩子在学习之余进行的一场小足球赛，通过对小守门员、候补守门员、观众等动作、神态的描写，表现了小足球赛的精彩、激

烈。这么吸引人的足球到底是谁发明的？

　　有的说，希腊人和罗马人在中世纪以前就已经从事一种足球游戏了。他们活动的场地是长方形，球放在中间的白线上，目标是用脚把球踢滚到对方场地上，当时称这种游戏为"哈巴斯托姆"。但是，据我国专家考证，足球的发源地在中国，发明权属于中国人。《战国策·齐策》中讲，在齐国都城临淄"其民无不吹竽鼓瑟……蹴鞠者"。《史记》中还提出骠骑将军霍去病在对匈奴作战间歇时，在塞外设球场，亲自带领将士参加足球竞赛的趣事呢。在古代，"蹴鞠"或"蹋鞠""蹴鞠"就是指踢足球，"蹴"和"蹋"都是踢的意思，"鞠"是球名。国际足联前主席阿维兰热博士来中国时曾表示：足球起源于中国。现在，国际上大多数专家和官员都认为，足球起源于中国，并从中国传到埃及，再从埃及传到希腊、罗马、法国，最后才传到英国。

264

镭有什么作用

　　《三克镭》这篇课文讲述了居里夫人一生中拥有过三克镭的故事，向我们展现了一个伟大科学家的高尚品格。这三克镭，第一克是她自己提炼出来的；第二克是美国记者麦隆内夫人在全美妇女中奔走宣传，美国公众捐献给她的；第三克镭也是美国公众捐献的。这篇课文让我们认识了镭这种新物质。那么，镭的发现和提纯到底有什么作用呢？

镭的被发现，从根本上改变了物理学的基本原理和在实际中的应用，有着十分重大的意义。作为镭的发现者的居里夫人，如果把发现镭的专利据为己有，无疑会成为世界级的富翁，因为一克镭就可以卖到几百万美元，可是她把专利献给了全人类。镭是放射性金属元素，银白色结晶，有光泽，具有很强的放射性，并能不断放出大量的热。镭的放射线穿透力很强，在医学方面有很多用途，它能够有效地抑制、破坏繁殖迅速的癌细胞，其破坏能力比对正常健康组织的作用要大得多。只要对镭适当控制，就可以对癌症进行有效的治疗。如今，镭在医学上的作用越来越大，医生们用它来作为保持人的健康和延长病人寿命的有力武器。

265

"不忘大众福利" 与 "保障自己利益" 矛盾吗

在课文《三克镭》里，居里夫人说了这样一段话："人类需要勇于实践的人，他们能从工作中取得极大的收获，既不忘记大众的福利，又能保障自己的利益。但人类也需要梦想者，需要醉心于事业的大公无私。"那么，"不忘大众福利"与"保障自己利益"矛盾吗？

这段话揭示了两种不同的人生理念，一种是既不忘大众的福利，又能保障自己的利益；另一种是醉心于事业的大公无私的理想主义者。这两种人都是有益于社会的，不是那种损人利己的人。课文中我们可以看到，居里夫人对前者也给予了肯定，但是居里夫人无疑属于后者，因为她把一切都无私地贡献给了科学和全人类。她毫无保留地公布了镭的提纯方法，放弃了专利，就说明了一切。

266

化石有什么作用

《黄河象》讲述了一具黄河象化石的来历，推测了它当时所处的生态环境。那么，化石有什么作用？

化石是由于自然作用在地层中保存下来的古生物的遗体、遗迹，以及生物体分解后的有机物残余（包括生物标志物、古DNA残片等）等。它是古代生物生存的重要地质证据，从化石中可以看到古代动物、植物的样子，从而推断出古代动物、植物的生活情况和生活环境，埋藏化石的地层形成的年代和经历的变化，可以看到生物从古到今的变化等等。如，人类从喜马拉雅山发现了古代鱼类的化石，从而科学地推断喜马拉雅山远古曾经是一片大海。

黄河象化石是怎样被发现的

　　黄河象属于剑齿象类，因为出产于黄河流域，所以学者就叫它"黄河象"。科学家根据这具化石的骨架鉴定，这是一头公象，死的时候大约有一百多岁，距今约有二百万年。它也是目前世界上已经发现的剑齿象类化石中体格最大、保存最完整的一具。

267

　　这具黄河象化石是在甘肃省庆阳地区合水县的马莲河畔被发现的。当时，一位农民发现了化石骨架后，立即向有关部门作了汇报，然后，上级安排了专家对它进行了科学的发掘，完整地保住了这具骨架化石。现在，它在北京自然博物馆里陈列，而甘肃省博物馆里展出的黄河象骨架则是按照原样复制的。

化石是怎样形成的

课文《黄河象》、《琥珀》等相继向我们介绍了一些化石知识。那么，化石是怎么形成的？

不论是黄河象化石，还是琥珀，都是古生物化石。这种化石品种较多，包括古植物（芦木、鳞木等）、古无脊椎动物（货币虫、三叶虫、菊石等）、古脊椎动物（恐龙、始祖鸟、猛犸等）。一般来讲，古生物死后，除极少数（如冻土中的猛犸、琥珀中的昆虫）由于特殊条件，仍保存原有的组织结构外，绝大多数经过钙化、碳化、硅化，或其他矿化的填充和交替石化作用，形成仅具原来硬体部分的形状、结构、印模等的化石。

化石的形成需要漫长的地质变化，有时候是沧海桑田的变迁，与自身结构、地质环境、气候等有关。一是与生物死亡的数量有关，数量越多，形成化石的机会也就越多。在由海洋环境形成的地层中，比较容易发现动物化石，特别是珊瑚一类的化石。在含煤的地层中，比较容易得到植物化石，在一些由陆地环境形成的地层中难以找到化石，尤其是哺乳动物的化石。二是与生物体组成部分的坚硬程度有关。一般来讲，具有硬体的部分容易形成化石，如介壳、骨骼、牙齿、角、树干、孢子、花粉等，像恐龙化石一般都是它的骨架，象的化石一般是它的牙齿和骨胳，河蚌化石大多数是介壳，三叶虫化石大多数是甲壳，硅化木是裸子植物的次生木质部的木质纤维形成的，等等。三是与生物尸体的掩埋速度有关。生物死后必须经某种沉积作用将其迅速掩埋，才能较好地保存，如果长期暴露在空气中容易腐烂、消亡。凡是生物繁盛而地质沉积作用急剧进行的地区，化石就比较多，如我国甘肃东部、山西西北部、河南西部、陕西等地的地层多数在河湖中形成，由于动物的遗体埋在水底，盆地周围的沉积物不断覆盖，几经沧桑变迁，河湖干涸，沉积物变成了坚硬的化石。四是与石化的程度有关。石化包括钙化、硅化、碳化、矿化，是把古生物的遗体、遗物和遗迹通过物理和化学作用变得坚硬如石，否则也成不了化石。

269

琥珀有什么作用

琥珀令人着迷。包含着生命迹象的最古老琥珀样本出土于意大利多洛米蒂山地区，其历史可追溯至 2.2 亿年前，包含着昆虫的最古老琥珀样本出土于黎巴嫩，其历史可追溯至 1 亿～3 亿年前。学习《琥珀》一课深为琥珀形成的奇妙经历所震撼，也会情不自禁地爱上它。琥珀在欧洲人心中就像中

国人的玉，确实是无价之宝。尽管中外对它的审美价值有所差异，但是丝毫不影响它的珍贵和美丽。

 1. 琥珀是最早用来做饰品的宝石品种之一

它的色泽含蓄，质地温润，具有无比的亲合力，是少有的能同时赢得男性和女性共同青睐的宝石之一。不论中外，古时候的人们都喜欢用琥珀珠串成婚礼项链，作为结婚时必备的贵重珠宝，也是情人间互赠的信物。

 2. 琥珀是珍贵的欣赏品

琥珀透明、晶莹，内含沉睡了千万年的植物与生物，栩栩如生。如光彩夺目的琥珀花，像蝴蝶一样在里面翩翩飞舞。不透明的琥珀（蜜蜡），质润如黄玉，也令人喜爱。有的琥珀像一幅抽象画，令您看到的是一个变幻莫测的世界。

 3. 琥珀是药

它含有一种乙醚油质，可穿过皮肤帮助血液循环，治疗肌肉关节的疼痛与紧张，可醒脑，治轻微的割伤、蚊虫咬伤等。另外，琥珀含有极微小的琥珀粒子，容易与皮肤接触形成保护膜，也是很好的美容品。

 4. 琥珀有考古价值

琥珀是取得史前的昆虫知识的一个重要来源，琥珀中的空气、水、金属等内含物，也为科学家解开远古时代大自然的奥秘提供了重要线索。

5. 琥珀是重要的材料

琥珀硬度低，质地轻、涩、温润，有宝石般的光泽与晶莹度，是很好的绝缘材料，用途广泛。琥珀还是制作或弹奏乐器，如小提琴、胡琴等的宝贵材料。

我们除欣赏它的珍贵，美观，以及非凡的传奇经历外，在中国人的心里还有佩带琥珀避邪保身的功能。中国人认为，燃烧琥珀香末的芬芳气味有定神静心的作用，罗马人甚至直接拿它来作成香料。

271

石灰为什么"烈火焚烧浑不怕"

《石灰吟》这首诗的大意是：经过千锤万凿从深山里开采出来的石头，对烈火的焚烧看得平平常常。只要能把自己的清白留在世界上，粉身碎骨也不怕。全诗表现了诗人不畏艰险、不怕牺牲，在人生道路上清清白白做人的高尚情操。许多同学读了这首诗，往往弄不懂石灰为什么"烈火焚烧浑不怕"？

其实，这是作者借石灰来自喻的。诗中的石灰指的是生石灰，是用石灰岩在石灰窑里经过高温烧出来的，没有烈火焚烧就成不了石灰，这也是它工艺制作的必然流程。

"我坐上飞船"真的那么容易吗

《我坐上了飞船》写作者在梦里坐上飞船飞向太空，看到了地球上的高山、平原、岛屿和海洋，还看见了中国的长江、黄河和万里长城，等等。那么，"我坐上了飞船"真的那么容易吗？

其实，神秘多变的太空并不是我们所想象的那么美好，也不像梦境中那么容易。太空中的太阳辐射、流星、失重等随时都会发生致命的一击。除此而外，飞船进入宇宙空间后，远离人群，与世隔绝，长期的寂寞生活对人的心理生理都会产生巨大影响。我们从宇航员训练中会发现，要想"坐上飞船"并没有那么轻松。宇航中心在训练宇航员时，"看星认路"是必修课。在天像仪室里，是一个极为绚丽的太空世界，太阳系的璀璨、银河系的广袤，都一览无余地展现在你的面前，恍惚中，"飞船"开始绕地球飞行，宇航员要在这里识别他未来行走所要经过的路线，记清引导飞船入轨的一个个路标、那一只只看似相同但却有着千差万别的小星星。"认路"是防止飞船自动系统发生故障后，自己能够用手动装置回到地球的唯一办法。宇航员除了要有坚强的意志，超强的记忆力、心理素质，广博的知识和灵活的操作能力外，还要有极好的体能，以前苏联宇航员训练为例，一年内要骑自行车1000公里，滑雪3000公里，越野跑步200多公里。仅凭这一点也不是一般人所能承受的。

可见，"我坐上了飞船"不是一件容易的事。

电脑能代替人脑吗

273

《电子计算机与多媒体》一课里告诉我们："人体本身就是一个多媒体信息处理系统，这个系统的'司令部'就是大脑。""要建造一个多媒体信息处理系统，也必须在系统内设一个'司令部'，这个'司令部'就是'电脑'。"而且，电脑不仅具有令人脑望尘莫及的计算能力，每秒钟能完成上亿次运算，还能模仿人类的某些思维和感觉功能，作出一定的推理、判断，电脑指挥的机器人还能像人一样完成一些劳动任务。那么，电脑能代替人脑吗？

科学家指出，电脑虽然能力高超，但它毕竟是人类大脑的智慧结晶，永远也不会代替人脑：

1. 电脑不能像人脑那样具备较好的修复能力

电脑是电子元件组成的，只要一个元件受损或失灵，整个电脑就会瘫痪。人脑里的元件是神经细胞，总数达 140 亿个，即使有十分之一受损，仍然能正常工作，而且受损细胞具备自我修复能力。

2. 电脑不能像人脑那样节约能量

人脑体积非常小，只要有一定的营养物，健康的脑细胞就能正常工作，而且消耗的能量只有 10 瓦左右。从高效可靠和小型化两个方面来考虑，电脑无法与人脑相比。

3. 电脑不能像人脑那样善于处理应急问题

电脑只会按照人们设定的程序工作，遇到意外情况就会束手无策。人脑具有独立的思维、推理、联想等能力，遇到意外情况，能随机应变，妥善处理，而且通过不断的学习、思考，思维和判断能力会越来越好，并不断接受新知，改造自我，这些都是电脑所无法企望的。